JN120825

異文化に身を置く すべての人へ

#国際協力 #留学 #国際栄養 #JICA

……… 国際栄養士のノート………

一般社団法人オルスタ
代表理事／国際栄養士

太田 旭 著

セルバ出版

はじめに

　こんにちは、太田旭と申します。国内外で国際栄養士として活動しております。自己紹介とともに、本書を書くに至った背景などについて少しだけ説明をさせてください。

1　書こうと思ったきっかけ

　私がちょっとニッチな職種を名乗って仕事をしていることや、私の友人やお世話になっている方が、私の仕事のことを面白がりいろいろと宣伝をしてくださるおかげで、これまでにたくさんの大学機関や国際協力を目指す社会人の方から、「開発途上国での経験を共有して欲しい」とSNSなどを通して連絡をいただいて参りました。そして、相談を受けているうちに、受ける質問や寄せられる相談の内容に傾向があることに気が付きました。

2023年は私にとって国際栄養分野に足を踏み入れ10年という区切りの年でもあります。42年間の人生においては、私のことを励まし応援し育ててくれた多くの方々がおりました。そんなお世話になったみなさまからの恩送りの意味を込めて、国際栄養士歴10年という節目の年に、これから国際協力に挑戦したいみなさま方に役立つ1冊を書きたいと思いました。

2　書いてみたこと

　本書は、過去にSNSなどを通して寄せられた質問や相談に対する返答を中心に構成しました。

　表紙や目次だけを見て「専門的な内容では？」と誤解をされてしまわないか若干心配をしています。実は、これまで私に質問や相談をくださった方々は専門職の方ばかりではありませんでした。ですので、結果的に本書に盛り込まれたメッセージの多くは、国際協力や国際栄養の分野で働く方のみならず、人と関わりながら協働をするすべての人に役立てられるものになるのではと期待しています。

　そして、もう1つ含めたかった内容としては、質問者・相談者の方々とやりとりをさせていただくなかで、ぜひ私から共有を差し上げたいと思った内容です。思考が止まってしまったり、迷いの沼から出られなくなってしまったとき、突破するためのヒントとして参考にしていただけたら幸いです。

　第1章の前半は、私自身の人間史のようなものを書きました。こちらはよく「太田さんのキャリアについて教えてください」という類の質問をいただくので、迷ったのですが削ぎ落とすことなく書いてみた文章です。

　しかしながら、私に興味がない方にとってはとてもつまらないものだと思いますので、この部分に限っては飛ばして読んでいただいても構わないと思っています。どうぞよろしくお願いします。

3　工夫したこと

　本書は、私自身の海外での栄養改善の事例なども記していますが、さまざまな事例や視座を知ってもらうほうが価値ある1冊になるのではと思い、第5章として栄養分野にて現在進行形で活躍をされている4名の方々とクロストークをさせてもらっています。私のみならず、4名の方々の現場のリアルやお考えなどを共有できたらと思っています。

取り上げている事例は、認知度の高いマジョリティな部族や国のエピソードというよりも、マイノリティな部族やまだ認知度の低い国のエピソードなどを、あえて国や時期、プロジェクト名を特定することなく「開発途上国にてよくあるエピソード」として盛り込みました。これにより、プライバシーを保護した形でかなり具体的に紹介することができたと思います。

　写真を多めに掲載しました。しかしながら、挿入している個所と該当箇所の章・頁で取り上げているトピックとの関連性は低く、合致させておりません。いろいろな国やプロジェクトの思い出深い写真をランダムに選び、出版社のご担当の方が配置くださいました。想像を巡らせて楽しんでください。

4　お詫び

　さて、まもなく本章に入ろうとしております。先に1つだけお詫びを添えさせてください。もしかしたら本書を通して、みなさんのイメージとはかけ離れた実態を知ることになるかもしれません。「あれ、なんか想像してたリアルと違った」と、がっかりさせてしまうかもしれません。

　「夢を持て！」「夢を追え！」と言われ、できずに苦しんでいる人はどれ程いるのだろう。夢がなくても、生きていくために目標を立て達成するプロセスを歩むことはできる。夢がなくても、幸せに暮らしているという実感を持つこともできるのに。

　「夢を持て！」という言葉に必要以上に影響を受け、持てないことを努力不足だと誤認し自分を責めてしまわないで欲しい。夢に恋をし、盲目となって不本意な痛みを受けないで欲しい。

　だからこそ、本書は意識して赤裸々に、遠慮なく正直に書かせていただこうと思います。失敗談やまさかのエピソードが多めです。この1冊が国際協力へのハードルを下げるとともに、失敗を恐れない思考回路の構築に貢献し、異文化で生きるすべてのみなさまに役立つ本となれば幸いです。

2024年2月

太田　旭

はじめに

第1章　国際栄養士のこと
1．国際栄養士と呼ばれるようになるまで
幼少時代・12

義務教育時代・13

人生で初めての海外「メキシコ」・13

高校時代のキューバ留学・14

栄養失調の子どもたちとの出逢い・15

国内での栄養士時代・15

2．国際栄養士の定義とは
資格や免許は特になく定義は幅広い・ 18

食・栄養の仕事をするための国際基準・20

コンピテンシー・ベース教育・20

国際栄養士連盟とは・21

3．栄養専門職の違いや特徴
納得のアフリカ版栄養教育カリキュラム・24

諸外国の栄養専門職養成システムと日本の位置づけ・25

その国の栄養士免許がないと働けない ・26

食事や栄養のことを教えるのか・26

所属先によって業務が異なる・27

第2章　国際協力者としての心得
1．先輩から教えてもらったこと
日本人が国際協力をする前に強化しておきたいこと・30

強化したい6つの力・31

高い栄養の専門性ばかりが必要なわけではない・32

　　本質的であるかどうか・32

　2．自分がどう認知されているのかを知る

　　日本で働く栄養士といえば・34

　　誤認による悲劇エピソード・36

　　世界で働く国際栄養士といえば・36

　　自分やプロジェクトの目的を見失わない・37

　　バイアスをかけない配慮・38

　3．自分自身こそが一番進化できるという自信を持つ

　　自分史上最もまっさらになる・39

　　自分を進化させること・39

　　世界幸福度報告を通して得た気づき・40

　　多様な評価軸を知り、適切な評価指標を選ぶこと・40

　　プロジェクトをデザインする・42

第3章　国際協力のリアルを覗く

　1．算数の先生に似ている　-倉庫の管理人に計算を教える-

　　栄養不良人口が増えた理由・44

　　住民の生言葉がヒント・45

　　認知できていないものはまな板の上に上がらない・46

　　算数を教える人になる・46

　　基礎学力の持つ可能性・47

　2．総務人事担当者に似ている　-女性のエンパワーメントを行う-

　　成果が出ない・48

　　課題分析を見直す・50

　　何もわかっていなかったことがわかった日・50

　　発せることのできなかった女性たちの声・51

　　ジェンダー平等活動をしている団体とタッグを組む・52

　3．商売人に似ている　-村人とビジネスを始める-

　　課題解決 or 価値創造・54

　　ビジネスマンの失敗・56

循環型経済とお金の話・56

「お金持ち＝幸せ者」という噂・57

お金がないところでお金は使われない・58

第4章　国際栄養士のリアルを覗く

1．コンサルタントに似ている　-中長期経営戦略を策定する-

素人でも貴重な仲間・62

やる気しかない仲間たち・63

ヒアリングと調整に徹する・64

比較をする目的は自己認知のため・65

ロードマップをつくる・66

多様な人との借り物競争・67

2．議員に似ている　-新しい法律をつくる-

購買意欲の引き立て方を問う・68

お腹を壊す原因・70

衛生管理基準と成分規格・71

バラバラなだけ・71

食品衛生法の設置・72

3．インフルエンサーに似ている　-国連でスピーチをする-

Ｚ世代に最も人気の職業・74

日本人というだけで差別化されている・75

ボロボロだった英語のスピーチ・77

私がインフルエンスされた先駆者たち・78

第5章　国際栄養改善実践者の方々とのクロストーク

1．尚絅学院大学学長　鈴木道子氏

諸外国の栄養専門職養成システムと日本のシステム比較のきっかけ
・82

世界比較！　栄養士になるための条件の違いとは？・84

10年における国際的な動向・85

日本の生涯教育について・86

日本の栄養士・管理栄養士の位置づけ・87

アメリカ合衆国の栄養士は世界基準から外れている・89

栄養課題を十分見定められ国際舞台で活躍を！・90

２．東京医科大学病院栄養管理科 科長　宮澤 靖氏

NST (Nutrition Support Team) を国内導入する際に困難だったこと・92

NST 国内導入前の栄養サポートの実態 ・94

アメリカ合衆国の栄養の専門家「米国登録栄養士」になるには・94

米国登録栄養士になるために必要なインターンシップの実態・96

日本の栄養士・管理栄養士の今後の動向・97

ワールドワイドに栄養改善業務に従事されている理由・98

「海外へ行ってしまえばなんとかなる！」といった逃げの姿勢では得る
ものはない・100

３．独立行政法人国際協力機構 (JICA) 人間開発部　国際協力専門員
　　野村 真利香氏

国際栄養の専門家を育てる先生・102

国際協力専門員は若手もシニアも！・103

国際協力専門員のキャリア形成・104

JICA を通して参画できる栄養改善活動とは・105

国際協力で働くための共通のコンピテンシーとは・106

新しい栄養課題を先駆けて経験しているのが日本の栄養士・管理栄養
士・108

マルチセクターで取り組むことの重要性・108

栄養はみんなで取り組む問題・110

４．国連世界食糧計画 (WFP) ラオス事務所　田才諒哉氏

財団職員としてアフリカで共創・112

国連職員としてアジアで栄養改善業務に従事・113

元 JICA 海外協力隊員、その後も国際栄養業界で活躍・ 114

国際栄養の仕事は誰でも関わることができる・ 115

国際栄養分野で働く理由・116

　　栄養士の資格を持たない栄養改善専門家の役割・117

　　協働共創のコーディネーターの仕事の向き合い方・118

　　国際協力の仕事は、協働や共創が重要な仕事・119

第6章　日本の50年後を考える

1．私たちを取り巻く未来は

　　食の選択・確保に注力を注ぐ・122

　　世界の開発目標・123

　　小規模農業にもテクノロジーが介入する・124

　　異文化理解というスキルがさらに求められる・125

2．異文化理解を育むススメ

　　ともに働く異文化理解・128

　　留学による異文化理解・128

　　近所で育む異文化理解・129

　　生きてるだけで異文化理解・130

3．50年後に求められる人物像

　　食の多様性を理解し提案できる・132

　　個人へのカスタマイズ対応が主の業務・132

　　栄養指導をカウンセリングの機会と捉える・135

　　多様性の時代の適性・135

　　未知を楽しめる・136

おわりに

　　ワンネスを感じながら・138

第1章　国際栄養士のこと

1. 国際栄養士と呼ばれるようになるまで

幼少時代

　宮城県のお山の麓、外食チェーン店やコンビニエンスストアなどがない田舎の温泉町で生まれ、自らの手で野菜を収穫して料理をするという生活環境で育ちました。情報格差のど真ん中をいくような生活ではあったのですが、大自然に守られ、おいしい水と空気に恵まれた生活を送っていました。

　当時の私にとって社会を知るために重要なツールであるテレビは、家族の教育方針でニュースが中心でした。世の中への関心はあり、興味津々にテレビを覗き込むものの、ふと目に映る悲惨な事件に、生きることへの不安が膨らんでいきました。

　草花と戯れ、野鳥に話しかけるような生活の中で、テレビをみては号泣を

する日々という幼少時代を過ごしていました。

　ある日、就学前に通っていた児童館で将来の夢を問われ、答えられないでいると好きなことは何かと質問を変えられました。「歌うこと」と答えた私は、将来の夢は"歌手"ということになり卒園文集に記されました。夢が持てないことへのコンプレックスのようなものを感じていました。

義務教育時代

　その後も、小学校の卒業文集で将来の夢をテーマに書くようにと言われたときには「身体に悪いことは避け健康な人生を送りたい」というような内容で切り抜け、中学校で同じ状況になったときには「素敵な人になりたい」と誤魔化しました。

　学校の授業は上の空で「どうやって生き抜くか」と「どうやったら世の中の悲劇は減らせるか」を、考えたり試したりすることで忙しい、義務教育時代を送りました。

　高校受験の頃を迎え、将来なりたいものもやりたいことも、考えごとの答えすら見つからないままではあったけれど、少なくとも「生きるために最低限必要なのは衣食住だ」という確信は持っていたので、学費が抑えられ実家からの通学が許容できるなどの条件を含め高校進学は衣食住の勉強をと、隣町の公立高校の総合学科社会福祉系列に進むことを決めました。

　進路に関しては深く考えておらず、もしも受験をして不合格になったとしたら、今でいうリゾートバイトや農場で働くのも衣食住のことを学べそうでいいし、どこか定員割れをしている公立高校の二次募集を受ければよいか、くらいに軽く考えていました。

人生で初めての海外「メキシコ」

　無事に衣食住を学ぼうと希望の高校へ進学したものの、同じ系列授業を選択したクラスメイトのように、介護士・看護師・社会福祉士を目指すなどの目的はありませんでした。衣食住は職業にしなくても一生つきまとうもの、学んでおいて損はないと考え選んだ進路でした。

　そんな私に、高校1年次の冬、人生のターニングポイントが訪れました。

スポーツ一家の家族にすすめられて小学校３年生から習っていたバレーボールが唯一の特技だった私は、ご縁があって東北福祉大学女子バレーボール部のメキシコ遠征に同行させていただくことになったのです。

メキシコでは、福祉大学の選手のみなさんと一緒に、現地の老人施設や保健所などを見学する機会がありました。そこで暮らす人々の様子から「周りにあるものだけで工夫すること」、「いる人だけで楽しむ方法があること」を知り、モノが溢れる日本で暮らしてきた私たちより、断然それら２つを心得ているのではないか、という気づきを貰えた気がしました。

メキシコ遠征から帰国し１か月、あのメキシコで見た老人施設の光景が頭から離れませんでした。「日本の老人施設は電気もガスも安定していて、訓練を受けた専門職のスタッフが必ず配置されているし、入居者には１人に１つ清潔な寝具が与えられ、毎日温かい食事が提供されている。それらすべてがメキシコのあの施設には欠けているのにもかかわらず、どうしてメキシコの施設の方々のほうが、圧倒的に生き生きと楽しそうに見えたのだろう？」この謎が、気になって気になって気になってしまい、謎を解きたいという探究心のまま、２か月後には高校を休学して再びメキシコへ渡っていました。

高校時代のキューバ留学

とても裕福とはいえない太田家でしたが、両親が汗水流して働きつくってくれたお金を大切に使うためには、学費も生活費も安価なキューバが適していると知り、メキシコシティで１か月バレーボールをやりながらの語学学校通いと地方都市プエブラでのホームスティ３か月を経て、1998 年の８月、私は単身キューバへ引っ越しをしました。

ちょうど９月が新学期スタートの時期ということで、キューバの首都ハバナにある国立ハバナ大学のスペイン語学校の６か月コースに申し込みの手続をしました。ホームスティ受け入れ先をさがし、イミグレーションで学生ビザを発行してもらい、外国人用の住民証明カードを取得しました。ちなみにこの頃はまだスペイン語が少ししかわからなかったので、各種手続は中学と高校で学んだ英語を使って行いました。

毎月 1.5 万円の学費と 2 万円の生活費を含むホームスティ利用料金を支払って、毎日学校へ通い、時々外国人用の立派なホテルへ行って家族や友人に FAX で安否を連絡するという生活でした。

栄養失調の子どもたちとの出逢い

　キューバでは、優秀なハバナ大学の医学生・薬学生・看護学生などと知り合いました。彼・彼女らは非常に頭がよく人柄もよく、こんな素敵な医療従事者に診てもらえるキューバのみんなは、きっと恵まれているんだろうなと心底感動しました。彼・彼女らを通して、キューバの医療・福祉環境へのたくさんの希望を見せてもらった気がします。

　子どもたちとも仲よくなりました。子どもたちは私のスペイン語の発音指導をしてくれたり、私は折り紙を教えたりしていました。ある日ひょんなことから子どもたちを抱き上げると、その軽さと身体を触った時の触感に衝撃が走りました。よくよく見てみると、子どもたちはみんな痩せすぎの域に達した栄養失調状態だったのです。

　私は「素晴らしい医療従事者や医療システムがあるというのに、栄養失調の子どもが多いのはなぜだろう」、この問いが頭から離れない日々がまた始まっていました。本来なら食料の調達や分配のこと、当時の国交や社会主義国ならではの状況、いろいろと他にも原因はあったと思います。それでも当時 17 歳の私が辿り着いた仮説は「栄養のことを教えてくれる人がいないから」ではないか、ということでした。

　そして、その子たちと接していくなかで、私はいつの間にか帰国後は栄養士を目指そうと考えるようになっていました。17 歳にして、人生で初めて具体的に目指したいと思えるものが見つかったのです。

国内での栄養士時代

　帰国後は高等学校に復学し 4 年かけて高校を卒業、栄養士の免許が取得できる学校の中で、生活費学費が最安の希望の短期大学へ推薦入学をし、無事に栄養士免許を取得しました。

　その頃、弟が大学受験を控え塾に通いたいと熱願していたので、弟の通っ

ていた高校の近くにアパートを借り、そこから通える範囲で仕事を見つけ、当時実家暮らしだった弟を引き取る形で2人暮らしを始めました。私の就職先については、特に大きな希望はなく、何でも勉強になるだろうしやりがいもあるだろうと、ご縁とタイミングを大切に、その他はあまりこだわりなく就職をしました。

2004年〜、出身地である宮城県にて岡部健医師のもと、医療系ベンチャーである爽秋会岡部医院の介護部門創業メンバーとなり、末期がんの患者のみなさんがご自宅で療養されるためのサポートをする在宅型ホスピスに従事していました。特に大きなこだわりを持たずに就職を決めた職場でしたが、岡部健医師との出逢いは、私の生き方や働き方、在り方にまで影響を与えてくれるような有難いものになりました。そして、「最期をどう生きるかは、これまでどう生きたかだ」と考えるようになり、教育への関心が深まり3年で転職を希望し退職しました。

2007年〜、社会福祉法人青葉福祉会が運営する当時仙台市最大の認可保育園にて給食運営・管理業務の他食育指針に基づく食教育活動を積極的に行っていました。

これは、今でも基本的に変わらない私が仕事をみる際のポイントとして「社会にとって"あったらHAPPYが増えるだろうな"とイメージができる仕事をしたい」ということが挙げられるのですが、日本で栄養士として働いていた頃は、食の力で笑顔がつくれたら素敵だなと思って仕事をしていました。

ただ、日本の法律上、学校や病院などの現場である集団給食・臨床栄養の分野では、規制が多いという面で、思うように笑顔を増やすことができないジレンマを長い間抱えていたことも事実です。

2010年〜、キューバで出会った子どもたちへの恩返しの意味も込め、将来開発途上国と呼ばれる国の子どもたちの栄養改善活動を行うことを見据えて、僻地医療を学ぼうと、宮城県石巻市の離島にある医療法人陽気会が運営する医療複合施設にて、地域包括的栄養改善事業に取り組みました。

よく国際栄養の分野で従事する栄養専門職の1人として、どのようにキャリア形成を築いてきたのかというご質問をいただくのですが、国際栄養士となるために同じようなキャリアを歩みたいと考えて質問くださる方が多かっ

たように感じます。その度に、私の経歴がベストだとか一般的であるわけではないというコメントを付け加えさせていただいてきました。

　私の場合は、むしろ明確な夢や目標を立てることなく、好きなことや興味のあることをやっていった先に、気づいたら辿り着いた今があるという感じです。結果的に、開発途上国で働くうえで、国内での多様な現場経験は非常に活かされたと感じることは多いものの、現場経験を積むということだけでいうと、今の時代でしたら私のように転職を重ねるという方法を取らなくても、インターンシッププログラムやサークル活動、短期プログラムへの参加など、さまざまな現場経験を積める機会があると思うので、私のキャリアはあくまでも1つの事例として参考にしていただけたらと思っています。

2. 国際栄養士の定義とは

資格や免許は特になく定義は幅広い

　よく、「国際栄養士の資格はどうやって取るのですか」というお問い合わせをいただきます。私自身国際栄養士を名乗っているものの、現在のところ国際栄養士という明確な資格・免許はありません。

　一般的には、ある国や地域における栄養士の資格を有し、国際的に栄養や食の分野で活躍している人を「国際栄養士」と呼ぶことが多いようです。

　では、栄養士や栄養専門職の人とはどのような人のことをいうかという点で、参考までに紹介すると、2014年に国際栄養士連盟（＝ International Confederation of Dietetic Associations、以下「ICDA」）により作成・発行された International Competency Standards for Dietitian-Nutritionists[1] には、栄養専門職（Dietitian-Nutritionists）の定義について、このように書かれています（[1]https://internationaldietetics.org/wp-content/uploads/2023/05/International-Competency-Standards-for-Dietitian-Nutritionists.pdf）。

　"A dietitian-nutritionist is a professional who applies the science of food and nutrition to promote health, prevent and treat disease to optimise the health of individuals, groups, communities and populations."

　仮訳をすると、「栄養専門職（Dietitian、または Nutritionists）は、個人、グループ、コミュニティー、集団等において健康を最適化するために、健康を促進し、疾病を予防し、治療するために、食と栄養の科学を応用する専門家である」という具合でしょうか。

　ちなみに、Dietitian-Nutritionists という英語を日本語訳にする際には、栄養士と訳されることもあれば栄養専門職と訳す場合もあるようです。私も日本の方々向けにわかりやすく「栄養士」と訳すときもあるのですが、今回は幅広に栄養専門職と訳させていただけたらと思います。

18

食・栄養の仕事をするための国際基準

　また、同じく ICDA が作成・発行している栄養専門職教育における国際基準という、最低限身につけておきたい教育水準のようなものがあります。

　下の①と②について、2011 年に発刊されている日本栄養士会雑誌 *² の中で「栄養士養成教育の最低必須条件」と題して書かれていた日本語訳と同じです。その後、③が加わり現在は以下の 3 つが示されています（*²https://www.jstage.jst.go.jp/article/jjda/54/8/54_8_556/_pdf/-char/ja）。

　　　The minimum level of education of a dietitian-nutritionist is:
　　　① A bachelor degree in nutrition and dietetics
　　　　＝　学士号（大学卒業）
　　　② A period of supervised professional practice of at least 500 hours
　　　　＝　監督下での専門的な実習 500 時間
　　　③ Meets the international competency standards
　　　　＝　国際的コンピテンシー基準を満たす

　私自身は、日本栄養士会雑誌第 54 巻 556 ～ 565,（2011）に記載されていた「栄養士養成教育の最低必須条件」を拝読し①②のことを知ったのですが、自分がその翌年 2012 年から国際栄養の道へ足を踏み入れる直前のタイミングで学べたことは、背中を押されたような感慨深いものがありました。

　のちに、私は日本では栄養士業務ができる専門職で、国際でも経験があるということから、自然と国際栄養士と呼ばれるようになり、自分でも名乗り始めていったという経緯があります。

　ちなみに、海外の栄養士は国内外どこでも働くということが当たり前だったりするので、"国際" とわざわざ付けて呼ぶ人も名乗る人もいない印象があります。「日本の栄養士免許を持っている栄養士です」というように、どこの機関が発行した資格・免許なのかを表するやりとりは聞きます。

コンピテンシー・ベース教育

　栄養専門職のための基準は、最低限必要な国際的な能力として定義されて

います。

　これは、ICDA に加入している国の教育基準になるように定められ、栄養専門職に就く時点で習得しているべく最低限の能力ともいわれています。また、専門職としての生涯を通じて継続的な能力開発を行うための枠組みとして機能することが設置の背景にあるようです。

　英文では "Competency-based education uses both educational (classroom/theory) and clinical outcomes (practice); work-based assessments rely heavily on the observations and judgments of suitably trained supervisors or preceptors with frequent, effective direct observations, coaching and feedback."

　仮訳すると「コンピテンシーに基づく教育では、教育的成果（授業／理論）と臨床的成果（実践）の両方を用います。業務に基づく評価は、適切な訓練を受けた監督者または指導者の見立てと判断に大きく左右されるものの、頻繁で効果的な直接指導やコーチング、フィードバックが行われます」という内容でしょうか。

　いずれにせよ、本基準は ICDA 加盟国であればどの国でも最低限の能力の質として担保したいという一方で、加盟国によっては、現時点では基準を満たすことが困難な場合もあるとも記されています。

　今は基準を満たすことが難しい場合でも、近い将来に食・栄養の仕事に従事される方には目指して欲しい、また定期的に基準の見直しを図りながら、将来の栄養学の発展へ期待したいという ICDA の思いが込められた基準となっているようです。

国際栄養士連盟とは

　ここでは、先ほどから何度か登場しています CDA（＝ International Confederation of Dietetic Associations）のこと、国際栄養士連盟についてもう少し詳しく説明したいと思います。

　ICDA は各国の栄養士会により組織されています。「国際栄養士」の会では

なく、あくまでも、各国の栄養士の団体（栄養士会に相当する団体）の集まりです。

2022年11月現在の加盟国は、日本を含めて46か国です。日本は1988年からICDAの理事国を務めていて（2008年～2016年のみ除く）、2020年から2024年までの現理事国は、日本、オーストラリア、イギリス、アメリカ、スペイン、カナダ、メキシコの7か国とのことです。

ICDAは、4年に1回、国際栄養士会議（＝International Congress of Nutrition and Dietetics；ICND）を開催し、各国の栄養士・栄養学者が集まって、栄養問題、栄養政策、栄養教育、栄養士活動などについてなどを検討しています。

過去2008年には、日本の横浜で第15回ICD会議が開催されました。その際には59か国の多くの方々が参加されたそうです。ちなみに、国際栄養士会議は以前 "International Congress of Dietetics；ICD" と呼称されていましたが、今年2024年より "International Congress of Nutrition and Dietetics；ICND" へと名称が変更されました。

今年のICNDは2024年6月にカナダにて開催、2025年度はフランスで会議が行われる予定とのこと。日本栄養士会のWebページにも国際情報として情報発信されているので、興味がある方はチェックしてみてください。

2014年に国際栄養士連盟により作成・発行
International Competency Standards for Dietitian-Nutritionists

2011年に発刊されている日本栄養士会雑誌
諸外国における栄養士養成のための臨地・校外実習の現状に関する調査研究

日本栄養士会ホームページ内
国際情報ページにおける、国際栄養士連盟について

3．栄養専門職の違いや特徴

納得のアフリカ版栄養教育カリキュラム

　ここからは、私が見てきたことや体験してきたことをベースに書いていきたいと思います。

　とあるアフリカの国で、栄養改善のプロジェクトの現地スタッフとチームになった時のこと、現地の栄養オフィサーと栄養士と一緒に働くことになりました。

　栄養オフィサーは栄養に関する資格などがあるわけではないのですが、栄養案件を長年担当されていたためか基礎的なことはよく理解されている頼もしいスタッフでした。そして栄養士は一定の栄養教育プログラムを受けた修了証を有するスタッフでした。いずれも人柄がよく優秀なスタッフに恵まれ、私たちはプロジェクトサイトの栄養改善を目標に奮闘していました。

　ある日調理実習の準備をしようとしていると「Asahi、私は料理ができない。トレードマークの自慢のネイルがはがれるのも嫌だから、あなたに任せてもいい？」と声をかけられました。栄養教育プログラムの修了証を取得しているスタッフだったので「任せてもらうのはいいけど、これまで調理実習の時はどうしてたの？」と聞いてみると、過去の業務にもこれまで受けたあらゆるカリキュラムのなかにも、調理実習というのは一度もなかったと話されていました。

　私はトマトを洗いながら、彼女にどんなことを栄養教育プログラムのなかで勉強したのかと聞いてみると、彼女はメイク直しをしながら、調理実習や実験系はなく、臨床栄養に関してもほぼ習わず、保健系は生活習慣病の予防学程度。その代わりに、土壌化学や自然肥料の調合術、家畜解体実習などのカリキュラムが充実している内容だったことを教えてくれました。

　アフリカといってもたくさんの国があるのですべてだとは思っていません。それでも、ところ変わればニーズも政策も変わるのですから、このような違いがあってもおかしくないなと納得させられました。

諸外国の栄養専門職養成システムと日本の位置づけ

　各国の栄養専門職の教育内容や期間の違いなどについて調べていると、栄養学雑誌 Vol.70 No.4262 ～ 273, （2012）「諸外国の栄養専門職養成システムと日本の位置づけ *³」(*³ja (jst.go.jp)) という文献を見つけました。

　これは栄養士や栄養専門職とされる同じ属性のなかにも、多様なシステム、自分と異なる異文化があることを示してくれているような内容で、最初に文献を見つけて目を通したときに、なるほどの納得感とともに目からうろこが落ちたことを思い出しました。

　この文献の中から、結論部分を抜粋転記する形で紹介させてください。

「結論：諸外国の栄養専門職養成システムは多様であり、一律に他国との比較は難しいが、日本において養成数が極めて多いこと及び実習の国際基準が満たされていないことの２点は特記すべきである。その２つは大きく関連しており、現在関係者の間では、期間延長と質の高い実習実施についての議論が活発になされている。また、イギリス、アメリカ合衆国、カナダ、オーストラリアなど先進的な国では、栄養士会が養成機関やその教育プログラムの認証などを通して大きな役割を果たしており、その点も日本における法令等による規制とは異なる点と考えられる。各国の事情が異なるため、一律に「国際的な栄養士」の基準を定め、それに向かっていくことは難しいと考えられるが、今後さらなるグローバル化を視野にいれ、その国の制度や背景を理解した上で参照すべき点を考慮にいれて、日本におけるよりよい栄養専門職養成システム構築を考えていく必要があるだろう」

　実は大変光栄なことに、この文献の著者である鈴木道子先生と本書第5章にてクロストークをさせていただけることになりました。該当文献発行時の 2012 年当時のことを振り返りながら、その後 10 年を経て 2023 年、国際的な動向はどのようになっているかなどをインタビューさせてもらいます。ぜひインターネット上で検索し、文献全文をチェックしてから読み進めていただければと思います。

その国の栄養士免許がないと働けない

　日本でもそうですが、食事の相談にのることや誰かに料理をつくるという行為自体は、資格や免許がなくてもできることです。ただ、栄養士や管理栄養士じゃないと働けないポジションがあります。

　たとえば、一定以上の食数をつくるような大量調理となる病院や学校や福祉施設など集団給食の現場や、給食はなくても外来栄養指導や訪問栄養指導を実施している臨床機関の現場、行政栄養士などが該当すると思います。

　その理由は、日本には規模や提供しているサービスの内容によって、栄養士や管理栄養士の資格を有する者を何名配置するなどと決められた、法律・省令が存在するからです。

　この場合であっても、法律・省令で定められたサービス以外の業務や、規模によって設置された人数を充足している状態であるなど、所属先が運営条件をクリアーしたうえで、特に資格や免許がなくても、調理スタッフとして調理業務に従事したり、看護アシスタントとしてベッドサイドや食堂にて患者や利用者の方々の食事の介助業務をしたり、栄養士・管理栄養士・調理士・看護師・介護福祉士など有資格者以外の立場で食に関わる業務を担われている方もたくさんいらっしゃいます。

　栄養専門職は、必ずしも栄養士・管理栄養士の資格を持っていないと担えないわけではないながらも、日本と同じように、国によっては指定した国や機関が発行している栄養士の免許がないと、働けない場合があります。それでも、行為自体が NG なのか、栄養士と名乗らなければ（名称独占資格の場合はこういうこともあり得る）大丈夫なのか、ボランティアであれば OK なのかは本当にいろいろです。

　ちなみに、アメリカの「米国登録栄養士」の事例については、第5章のクロストークで宮澤靖先生に詳しくお話を伺えると思うので、こちらも楽しみに読み進めてもらえたらと思います。

食事や栄養のことを教えるのか

　これも、アフリカの例のごとく、食事に付随するようなことや、栄養指導につながるようなこと、たとえばアフリカの事例でいうと、野菜の栽培の仕

方、適切な肥料の選び方、農機具の使用方法のレクチャーだって、栄養士が担う大切な業務の1つになっています。

アジアや中南米であっても、日本の栄養士にはあまり馴染みがないかもしれませんが、安全な飲み水のつくり方、予防接種受診の啓もう、適切な避妊の仕方、避妊具の選び方のレクチャーをしたり、身体測定を実施したり、サプリメントの飲み方を教えたりすることも、栄養士の大切で一般的な業務の一部でした。

直接的な支援内容じゃないと感じる場合でも「これは栄養改善につながるのかどうか」という点で考えてみると、業務範囲内かどうかが見えてくるかと思います。食や栄養の仕事をする専門家でありながらも、その範囲に留まることなく、目的は栄養改善なのだから、そのために必要なあらゆることが、栄養士や栄養オフィサーなど栄養専門職の仕事になっている、見方を変えるととても自然な状況があるのです。

このあたりの具体的な事例は、第3章や4章あたりでも詳しく紹介していきましょう。

所属先によって業務が異なる

栄養専門職が担う業務の内容は、所属先にも大きく左右されると思います。

保健省、農牧省、水産省、教育省、地域開発省、企業、研究機関、臨床機関、教育機関、NGO/NPO、個人事業主などなど、職種は栄養専門職と同じであっても、組織の各ミッションやビジョンが異なり、何よりもアプローチの方法やポイントが変わってくるはずです。

この仕組みについて勝手にコメントをさせてもらうと、「栄養不良」という課題「健康増進」という目標、いずれもたった1つの事柄と捉えられがちですが、その事柄に紐づく原因は100地域あったら100地域バラバラ、10人いたら十人十色、そしてその解決策においては「正解は1つ」というわけでもないので、本当に多様なアプローチが求められています。

その多様性こそが好転への鍵になってきます。ですから、さまざまなセクターがさまざまな手段で同じ課題解決、価値創造へ取り組んでいかれるという仕組みは、本当に素晴らしいと感じています。

第2章　国際協力者としての心得

1. 先輩から教えてもらったこと

日本人が国際協力をする前に強化しておきたいこと

　第1章でも触れたように、国が変われば言語や文化だけでなく、栄養士が
担う役割や求められる技術も異なってきます。日本人の私たちが海外で働く
際に、どんな心構えでいたらよいのか、今からできる準備はないのか、そん
なご質問をたくさんいただいてきたこともあり、ここではぜひ「強化してお
きたい技術・能力」について紹介したいと思います。

　日本の学校で栄養士の資格を取得し、日本でしか働いたことがなかった頃
の私は、国際協力の道を志し、スキルアップをしようとしたとき、現地の状
況などがわかる情報を得るにも限りがあって、ブログなどでは事実なのか解
釈なのかの判断が付かないような文章も混在し、結局のところ、どんな技術

や知識を補強するべきなのかまったく見えず、「これはもう、行ってからの出たとこ勝負か」なんて思っていました。

　私が本書を書く覚悟を決められた理由でもありますが、論文などの文献やデータという点での情報は入手しやすくなっているものの、国際栄養分野で働くということの実態や、従事する方の人となりだったりキャラクターというような肌感は、なかなか得られにくいと感じていました。

　そんななか、私が国際支援の道へ飛び込もうと準備をしていた頃に、その道の大先輩から実体験を持って教えていただき、のちにいろんな国際協力の場面でとても役に立った「6つの能力」の話を紹介したいと思います。

強化したい6つの力

①食の営みを「生産・加工・流通・調理・食卓づくり・保存・廃棄」という一連のつながりで捉える能力

② 過剰摂取と不足の両面から栄養状態を把握する能力

③ プロジェクトの予算取り等の仕組みや方法を理解する能力

④ プロジェクトを立案し、実行する能力

⑤ 組織の構造的観点、ジェンダー等の社会学的観点、地域の環境などの生態学的な観点から総合的に戦略を立てる能力

⑥ プロジェクトを評価する能力（特に経済評価）

　以上の6つです。

　私は慌ててそれまでまったく勉強をしたことがなかった簿記の勉強をして資格取得に励んだことを思い出しました。今思うと、プロジェクトの収支予算を組み立てたり資金管理をする業務上、簿記の勉強が役立ったのかもしれないなと振り返ります。

　実は、私が国際栄養に従事した10年強の日々を振り返ると、国際協力を行ううえでぶつかる難題の多くは、ここに挙げた6つの能力不足が原因であると痛感することばかりでした。これを自分の弱点として受け止め、日々補強するべく努力をしながら、異文化理解、ひいては国際協力に従事してきたのだなと思います。

高い栄養の専門性ばかりが必要なわけではない

　そして、お気づきでしょうか。この6つの力の内の①と②については、栄養士として専門性の高い領域のように感じられるかと思います。では、それ以外はいかがでしょう。会計の能力、プロジェクト遂行能力、広い視野と視座、主観でありながらも客観的に評価する能力などが求められています。これらは国際協力に従事するすべての人が養うべきともいえる能力、そのうえ国際協力とはまったく関係ない方にとっても、日本で暮らしていくうえで身につくと非常に健やかな能力といえるのではないでしょうか。

　これらの能力を伸ばすために、明日からでもできることとしては、単純ながらも「たくさんのいろんな人と対話をすること」だと思っています。特に④に直結する能力になると思うのですが、話を聴く力（ヒアリングや傾聴力）や提案する力、交渉する力などは会話の中で育まれていくと思うからです。

　身近な小さなことでもよいと思います。どうして息子は朝起きられないんだろう、私は恋人となぜ喧嘩をしたのだろう、私のダイエットが続かない原因はなんだろう、そんな自分の身に起こる小さな出来事から、②や⑤を意識しながら分析をして考察をする。そして、次のアクション④を立案し実行してみてください。私はこの6つのポイントを家訓にできたらいいと思っています。我が家で実践を重ねていけたら、きっと我が家の世界の平和が少しだけ進むことでしょう。

　そうです。国際協力従事者を目指すための訓練は、海外に出なくても、学生であっても、その気になれば今すぐにでも、日々の営みのなかでその場所で育み養っていかれる能力なのです。

本質的であるかどうか

　大先輩が、実際にご自分のところへ寄せられたお便りを紹介くださったことがあります。

　「私は管理栄養士として海外に渡り、調理実習をしながら栄養のことを伝える伝道師になる予定だったのに、蓋を開けてみたらまず食べるものがなかった。これではと2年間かけて土地を耕し、畑をつくり、種を撒いて野菜をつくっています。栄養士の仕事は何1つできていません」という内容だっ

たそうです。

　そして次に届いたお便りでは「帰国をして自分の2年間を振り返ってみたものの、本当に栄養士らしいことが何もできないままで悔しい気持ちでいっぱいでした。でも、あれからSNSを通じて当時の仲間たちが連絡をくれて、あの頃あなたが一緒に種を撒きながら教えてくれた"野菜の食べ方"を思い出しながら、収穫した野菜を使っておいしく料理をしているよ！　というメッセージが届き、思わず涙が出ました」というお話でした。

　食べるものがないと知ったときに、遠方から食料を買い込み調理実習を行うという選択肢もあったはずです。それでもそうではなく、実際にその地域で食べ物が得られるような手段を選んだ背景には、その地域の長期的な発展を最優先に考えてのことだったのではないでしょうか。素晴らしい栄養士さんだなと私も感動しました。

　繰り返しになりますが、栄養改善の仕事をするうえでは、栄養不良の原因が多様である限り解決策も多種多様であります。その上、正解は1つだけというわけではないのです。

　現地の状況に合わせて、本質的な取り組みを2年間続けられたこちらの栄養士の方に、私は心から敬意を表したいと思うとともに、私自身も活動で迷う時には彼女のことを思い出しながら「本質的であるか」と、自分に問うていきたいと思うような気づきになりました。

2. 自分がどう認知されているのかを知る

日本で働く栄養士といえば

　国際栄養士と聞くと、どんなイメージを持たれますか。実は、世の国際栄養士のイメージというか、私に抱かれ投げかけられるイメージが、実際と違うのではないかと感じています。ですので、「そのイメージのギャップを少しでも埋められたら！」という思いを込めて書いてみようと思います。

　ちなみに日本では、管理栄養士免許は毎年約1万件交付されており、栄養士免許は毎年約2万件交付されているそうです。人口統計的に、栄養士の人口比率が最も多い国の1つともいわれています。

　このテーマは栄養士ではない方にとっても、あなたのすぐ近くにもいる栄養士／管理栄養士の人のことを知ることができる機会として、異文化理解の一環としてよかったら読んでみてください。

Q. 栄養士のイメージは？
A. おいしいだけじゃなく、健康的な料理をつくる人、病気の人の献立（レシピ）を考える人、カロリー計算（栄養価計算）をする人、学校給食で大鍋をかき混ぜている人、学校で栄養のことを教える先生

　さまざまな栄養士や栄養士の働き方があるということを前提に申し上げると、実際にはよく持たれるイメージとはかけ離れ、料理をしないという栄養士が多いようです。なかには、新卒時代は毎日給食室でひたすら人参を包丁でいちょう切りにしていました！　という栄養士にも出会ったことがあるのですが、日本の栄養士の方々は「栄養士＝料理がメインのお仕事＝料理が得意＋お料理好き」というイメージを持たれることに、プレッシャーを感じる人が少なくないことを、ご縁があって本書を手に取ってくれたことを機に、ぜひ知っていただけたらと思います。

誤認による悲劇エピソード

栄養士というだけで料理が得意だと思われて、キャンプやホームパーティーの料理担当に指名されることを悲劇が起こったと捉える栄養士が後を絶たないそうです。

では、もしもその"悲劇"を"周知して理解につなげる"ということで減らせたとしたら、大げさに聞こえるかもしれませんが、私はそれを「異文化理解による平和構築活動」ではないかと思っているのです。

このような悲劇は、国際栄養の現場でも実はたくさん起こっていると思います。日本で栄養士といえば、「料理が得意なのでしょう？」という思い込みによる"悲劇"をあえて例に挙げてみました。

たとえば、アフリカの案件では「栄養士なら誰でも鶏や羊を捌くことができるはず」という思い込みが、アジアの案件では「栄養士なら性教育を実施し慣れているはず」という思い込みが、中南米の案件では「栄養士なんだから提案できる雨水を飲水に変える手段のバリエーションが多いはず」という思い込みが、それぞれの国の現場にあって、都度現場のみなさんと対話をし、コミュニケーションを取りながら悲劇が起こるのを免れてきた記憶があります。

こういったエピソードは国際協力の現場でも、大なり小なり濃淡はありますが、日々当たり前のように起こっていることだと思います。わかり合うためにどんな想像がなされても、どんなに実際とかけ離れたイメージを持たれたとしても、コミュニケーションを取りながら異文化を知り理解することで、国際協力の現場でも業務はとても円滑になると思っています。

いい意味でのしつこさと、対話力が大事ですね。

世界で働く国際栄養士といえば

では、国際栄養の分野で活躍したいという日本人の栄養士／管理栄養士、その学生のみなさんが陥りやすい悲劇について、私が感じていることを書いていきたいと思います。

ちょっとだけ専門用語が多用される文章が出てきますが、すぐに戻るのでわからなかったとしても離れないでください（笑）。

Q. 国際栄養士の普段の業務はどんなものだと想像しますか？

A. 血液検査の実施は難易度が高いので成長曲線の分布や身体測定結果データなどを基に、栄養状態と緊急度合を分析する。

　もう少し詳しくいうと、慢性栄養不良なのか急性栄養不良なのか、食事摂取状況を観察しながらどの栄養素に欠乏があり過剰があるのかを考察する。

　地域の食物の流通状況を調査し、衛生環境を確認しながら、実践しやすい衛生的で栄養価の高い料理の提案や食事習慣の提案を行う。

　このQ＆Aの答えのようなイメージを持たれることが多い気がしています。少なくとも私は日本の栄養士／管理栄養士の方々から、そんな業務イメージを持たれていることが多かったです。

　私はこちらのイメージに関して実際に問いかけられた際は「業務として含まれるし、実施した経験も何度かはあるけれど、メイン業務になることばかりではない」と答えてきました。

自分やプロジェクトの目的を見失わない

　国際協力に従事する人間にとって、ある意味とても自然で、とても尊いことではあると思うのですが、多くの方々が素地として「現地の人のために、少しでも役に立ちたいし貢献したい！」と思い願うのではないかと思います。

　そして、国際協力に従事する立場として栄養専門職であるということが加わると、その役割として栄養の専門性を頼られるというか、栄養学的観点を求められがちになるということは、私自身も実体験からよくあることなのだと思います。

　そこで、うかつにも得意な栄養の専門性ばかりを発揮し、案件を見たりつくったりしてしまうと、とても大切な"好転の鍵"を見落としてしまうのではないかと危惧します。

　栄養改善が目的だとしても、好転の鍵ともなる原因がいわゆる直接的な食事や栄養摂取状況ではない場合が多々あります。このことを肝に銘じ本質を見失わないことが大切だと思うのです。

バイアスをかけない配慮

　また、関わる周りの方々においても、本質を見失わず“食・栄養の脳”に
マインドセットが寄らない工夫として、「栄養士であることを明かさない」
という作戦が有効な時があると思います。

　これは私の経験から感じていることなのですが、最初に「栄養士です」「栄
養改善のためにきました」と言ってしまうと、言葉を受け取った側の脳内で
は「この人は食事や栄養のことを考える人」と認識され、無意識にもその範
囲内での会話に限定されてしまうという現象が起こることがあります。

　異文化にて自己を紹介することやオープンマインドでいることは、とても
大切なことではあるのですが、時として嘘ではないけれど栄養士を名乗らな
いバージョンの自己紹介をするということも、相手方がバイアスをかけられ
ないで済む配慮の１つなのではないかと思います。

3. 自分自身こそが一番進化できるという自信を持つ

自分史上最もまっさらになる

　繰り返しになりますが「栄養不良」の原因は、本当に多種多用です。

　その原因は、食の営みである"生産・加工・流通・調理・食卓づくり・保存・廃棄"の域を超え、表現や訴えの違いなど言語的観点、民族や習慣的反射など遺伝子的観点、土着の文化や宗教など人類学的観点、組織の構造的観点、ジェンダー等の社会学的観点、地域の環境などの生態学的な観点などなど、あらゆるところに存在しています。

　栄養改善、健康増進のために、最大限に活用すべき予算・人材・時間・能力、これらプロジェクトのリソースを、何より個々が持つ労力や時間を意図しない方向へ導いてしまうようなことがあれば、それは寄り道か悲劇か自己満足のどれかになってしまうのではないかと思います。

　どの原因に対しどうアプローチをしていくのか、より広い視点を持って、まっさらな心と目で見極めていただくことが大切です。

自分を進化させること

　人がそれぞれの領域を超えて、他分野や他国の方とつながり、結びつき、共創していくために最も大事なことは、自らを進化させられるかどうかだと思います。世界を変えることができるとしたら、それは常に自分史上最高に柔軟な思考と行動を更新し続けられる、人間力を養うことだと思います。

　羊を捌いてと言われてできないとしても、慌てずに対話をしましょう。目の前で DV 現場を目撃してしまっても、正義を押し付けることなく適切な専門家 / 専門機関に相談しましょう。せっかく届けた栄養食品が転売されたり盗まれたりしても、罰則を考えるのではなく、そうさせないで済むための仕組みを考えましょう。

　あらゆる固定概念を棄て、想像を巡らせてもそれに少しも捉われることなく、経験したことはすべて 1 つの事例や情報として捉え、思い込みのない状態で向き合うこと。挑戦と失敗、学びと実践のプロセスを高速で繰り返しな

がら、本質を探求し続けられる自分自身の人材開発が必要だと思っています。

世界幸福度報告を通して得た気づき

　突然ですが、世界幸福度報告 (= World Happiness Report) というものを知っていますか。

　現在世界で幸福度を測定して結果を開示するという調査がいくつかありますが、今回は 2012 年より国際連合の持続可能開発ソリューションネットワークが毎年発行している幸福度の調査レポートを取り上げ紹介させていただこうと思います。

　私は昔から「どうやって生き抜くか」と「どうやったら世の中の悲劇は減らせるか」ばかりを考えてきたことに加え、人を目の前にすると「この人にとっての恐れとは、幸せとは」という観察ポイントが常に脳裏にあり、特に他者との関わりが増えていくうえで、さらに深く考えたテーマとなりました。

　ですから、この世界幸福度報告の存在を知ったとき、「そこに答えのようなものがデータで示されているのなら、ぜひ参考にしたい！」と、期待をする気持ちがありました。しかし、報告書の結果を見てみると、私は訪れた国の友人たちの笑顔を思い浮かべながら想像をしたランキング予測と実際のデータ結果とでは、大きくかけ離れているという状況に違和感を覚えました。

　その後、データ結果に続き、調査方法や評価基準などを知ると、すぐにその違和感は消え納得したデータになったわけですが、私が自分に問うていた「目の前の人にとっての幸せ」という答えには、残念ながらつながらないと認識したのです。

多様な評価軸を知り、適切な評価指標を選ぶこと

　前述の幸福度調査は 6 つの項目で計測していました。

①人口あたりの GDP（対数）

②社会的支援

　（公的なサポート、困ったときに頼ることができる人や機関があるか）

③健康寿命

④人生の選択の自由度（人生で何をするかの選択の自由に満足しているか）

⑤寛容さ・気前のよさ

　（過去１か月の間にチャリティなどに寄付をしたことがあるか）

⑥腐敗の認識

　（不満・悲しみ・怒りの少なさ、社会・政府に腐敗が蔓延していないか）

　の６つだそうです。

　私はこれらの指標で測られたことを知り、確かにこの中での幸福度は測れているのだろうと思いました。ただ、大自然の中で貨幣経済になく、物々交換をしながら、おさがりのおさがりだという１着しかない服を着て、手を取り合って歌って笑いながら「ＨＡＰＰＹ，ＨＡＰＰＹ，ＨＡＰＰＹ」と踊る私の友人たちの幸福度は、この６つの指標をもっては証明できないのだなという感覚も抱きました。

　１つの同じ事象であっても、その事象を見る“軸”が変われば、評価や認知は無限に変わり得るということは、私が普段担当している栄養改善のプロジェクトでもいえることです。

　たとえば、住民に対して栄養知識の向上を目的に、栄養教育の授業を行うという活動をする場合、評価の指標はどのようなものが考えられるでしょうか。

　一昔前だと、受講者の人数などで評価されることが多かったようです。具体的に言うと、「栄養教育の授業への参加率が、ターゲットエリアのターゲット層人口の３０％を越えたら、目標を達成！」という定量的な指標をたて、プロジェクトの目標が達成されているかどうかを見極めようとされる指標の設定が多発していました。

　このような指標の設定だと、現場では参加率増加が目的としてすり替わってしまい、参加者を増やす策として、参加者のインセンティブとなるであろう報酬や手当を交通費や食事代という名目で配り始めたり、欲しがられている食事や備品を無料で配布するということが多発する傾向がありました。

　そして無事に人口の３０％以上の参加率を実現できたとしても、参加者は単にお金やモノが欲しくて参加をしていただけという場合も多く、目的である「栄養知識の向上」にはなかなか結びつかないパターンとなってしまって

いました。

　この安易な資金・物品の投入（配布）による集客の仕方は、国や分野に限定されることなく国際協力業界の教訓として語られています。今では単に求められるものを提供するということではなく、量（参加人数）より質（知識向上人数）という考えのもと、「栄養教育の授業の参加者のなかで１年以上継続して受講している率」や「栄養教育の授業受講者による理解度テストの結果」など、目的達成につながるまた違った指標を各プロジェクトで検討され設定しているようです。

プロジェクトをデザインする

　国際協力の現場では、ＰＤＭ（＝ Project Design Matrix) と呼ばれるプロジェクトの概要表を用いて運営管理をする手法があります。その概要表には、プロジェクトの目標やそのために何をするのか、そしてどんな価値を創出しようとし、その達成度はどんな評価指標で測っていくのか、人材や予算やスケジュールなども合わせて書かれています。

　カウンターパート（相手国のワークパートナー）やプロジェクトメンバーの間で同意をされたその概要（目標・活動・投入・アウトプット・手段・評価指標など）が、自分の課題感やビジョンとは必ずしも合致していないということもあり得るでしょう。

　それでも、周りの仲間の描いたビジョンの中に、やりがいを見い出せる創造力とやり抜く力、包容力までもが、適正能力として求められる場面があることと察します。

　正解が見えなくても、選択と集中が必要な時は老若男女どの国でもあることです。自分のなかの理想や正義、真実だけが正しいわけではないということとは、私自身何度も突きつけられてきました。

　協調性や譲り合いという綺麗な言葉だけでは片づけたくない、そんな場面に遭遇するかもしれません、その時に、そっと心に問うて見てください。「私は、いまの自分を越えられるのか。真っ新な自分に、進化していけるのか。」きっとあなたが納得感と愛を持ち、YES と言って挑戦できることを、仲間の１人として祈ります。

第3章　国際協力のリアルを覗く

1. 算数の先生に似ている
―倉庫の管理人に計算を教える―

栄養不良人口が増えた理由

　第1章では国際栄養士について、第2章では国際協力者としての心得と題して書き綴って参りました。ここからは、私が過去10年の間で栄養改善を目的に実施した、いくつかの実例を紹介したいと思います。国はアフリカ、アジア、中南米とランダムに、私の働く現場感を感じ取ってもらえたらと紹介させていただきます。

　とあるプロジェクトでのこと、日本国内で業務に従事し地域の月別栄養不良データを取り寄せ、分析をしていると、その地域では年の下半期になるに連れ、栄養不良に陥る人が多いことに気づきました。また、そのパターンは毎年のように続いているということも過去のデータから見えてきました。私は日本にいながらではありますが、可能な範囲でその原因をさぐることにしました。

　気象庁のデータを見ても、雨量や災害四季の影響でもなさそうだし、罹患

（病気にかかること）データを見ても、特別下半期にだけ流行った病気があるわけでもない。現地の方々の主な職業が農家ということもあり、農業省の各収穫物と時期と量が記載されている報告書に目を通すも、特に繁忙期に栄養不良人口が増えているわけでもなさそうです。

　他にもデスクトップで調査をしながら、あらゆる角度で想像をしてみましたが、結局日本ではありきたりな仮説しかつくれず、有力な仮説や原因の特定はできませんでした。

住民の生言葉がヒント

　いよいよ渡航し現地入り、ひととおり挨拶を済ませてから、早速地域の栄養課題をさぐるべく関係者のみんなでワークショップをしていると、その原因が少しずつ浮き彫りになってきました。

　住人の１人が、この地域で栄養不良児童が多い理由の１つに「ビタミンＡをもらえないからだ」と訴えられたのです。私たちはその住人を含むワークショップ参加のみんなに質問を重ね、情報を整理すると、

① 　本来ならビタミンＡのサプリメントは税金により保健所
　　より無料で配布されている
② 　対象年齢であれば、特に他に条件などなくもらえるはず
　　なのにもらえないときがある
③ 　運悪くビタミンＡを飲めないときが続き、栄養不良状態に
　　陥るパターンがある

ということが見えてきました。

　保健所のスタッフに確認をすると、配布できないときがあるのは事実のようで、配布できない理由を聞くと「ないから配れない」とのことでした。それ以外の理由は出てこず、保健所スタッフたちも切実な顔で「私たちだって配れるものなら配りたい、受け取りにこられないというなら届けにだって行きたい。それでも、ないものは配れない」と話され、栄養改善を切に祈っているようにも見えました。

認知できていないものはまな板の上に上がらない

　のちに、保健所見学をさせていただきながら各業務の内容と流れを確認していくなかで、配れるはずのビタミンＡサプリメントがないという原因が「算数ができず、消費率を試算してビタミンＡサプリメントを充足できる量を発注したり、不足になる時期を予測して前もって発注をしたりすることができていない」こと、そしてその結果、本来なら通年して配布されるべき各種サプリメントが欠品となり「ないから配れない」時期ができてしまっている、ということが判明しました。

　国際協力の現場に限ったことではないのですが、質問者がどれだけわかりやすく正確に質問を投げかけることができたとしても、回答者が認知できていない事象や感覚は、まず言葉などで最初から他者に表現されることはないでしょう。

　因果関係を見いだせず本当の原因を認知できていない状況だからこそ、みんなで対話をしながら力と視座を合わせ、原因と結果の因果関係を見つけて、好転への糸口をたぐり寄せるという共同作業が伴うのだと思います。

　先方からしても、「答え（原因）がわかってたら、こっちだって苦労してないよ！」って、ことなのでしょうね。

算数を教える人になる

　さて、在庫管理に課題があるということがわかった我々は、早速活動計画を立て動き出しました。

　それではと、私は保健所の在庫管理担当及び事務スタッフを対象に、たし算・ひき算・かけ算・わり算などを教える教育実習プログラムを企画し導入しました。

　目標は、帳簿に使用する計算式を適切に使って電卓を活用しながら正しく計算できるようになること、そしてその目的は、在庫を切らさず／抱え過ぎない発注管理の業務が行えるようになることでした。

　月日が要しましたが、スタッフの地味で地道な努力の結果、無事に保健所スタッフは計算ができるようになり、各種サプリメントの欠品回数と比例する形で、栄養不良児童数も減少していきました。

我々は、算数を教えていたら、大目標（上位目標）である栄養改善状態までたどり着いてしまいました。

基礎学力の持つ可能性

　今回の事例は、計算能力の補強をすることで、栄養改善につながったという話を紹介しました。

　実は細かいことは省いてシンプルに書き上げたのですが、実際のところ1つの状態を形成している原因は、複合的で構造的な場合がほとんどです。単に算数を教えていただけではなく、同時進行で他の活動も行っていました。とはいえ、その成果に算数の能力強化は大いに貢献したと思っています。

　読むこと、書くこと、伝えること、計算すること、当たり前に誰もができることではありません。

　昨今では世界で読み書きができる「識字率」が高まり、Global Education Monitoring Report 2021/2022（概要）によると、世界の識字率は女性が83%、男性は90%と報告されました（15歳以上）。これは10年ほど前と比べるとかなり高い数字が示されています。

　では実際に、読み書きができることで業務改善が推進されたかというと、そうではない場合がほとんどではないかと思います。なぜなら、ユネスコをはじめ多くの識字率調査では、「日常生活で用いられる簡単で短い文章を、理解して読み書きできるかどうか」を判断の指標として調査され、数字に反映されています。

　つまり、業務などで用いる専門用語が含まれる文章や、専門用語が使われていなくても多少長い文章が読解できなくても、識字がOKとみなされ、業務改善し得るレベルの識字能力の有無に関しては、また別の話、となっているのが現状だと感じています。今でも多くの栄養改善のプロジェクトでは、読み書きができない方にも理解しやすいようにと視聴覚的な教材開発、その普及活動のニーズが多くあげられています。この現状からも、基礎学力強化による栄養改善の可能性は、まだまだ大きいことだと思います。

　あなたがもしも、計算が得意・言語が得意・モノづくりが得意という自覚があるならば、それはもう国際協力に向いているのかもしれません。

2. 総務人事担当者に似ている
─女性のエンパワーメントを行う─

成果が出ない

　ある日、とある国際ＮＧＯ団体から連絡を受け、とても綺麗にまとめられた資料とともに業務を依頼されました。「我が国には栄養士がいない、そのため健康的なレシピの開発や調理実習による指導を実施できる人がいない、どうか我々のプロジェクトに栄養の専門家として加わってくれないか」という依頼でした。

　添付された資料は、①活動計画書、②収支予算書、③スケジュール表、④人員採用／配置計画書、⑥問題分析報告書などだったと思います。誤字も脱字もなく、つじつまの合わない個所もなく、第二言語であるはずの英語も綺麗で、ただただとても綺麗な書類という印象を受けました。

　健康増進のために彼らが組み立てたそのプロジェクトでは、世界保健機構やUNICEFのデータを見て食の多様性が足りないことに気づかされ、同じ料理ばかり食べていることに課題感があるとのことでした。その課題に対し、家庭で調理を担当している母親たちが新しく健康的なレシピを知り、つくり方を習得することで、家庭の食卓に並ぶ料理が多様化し、健康的な食習慣の定着を目指すという内容のものでした。

　無理のないスケジュール、予算組み、プロジェクトの運営管理もきちんとなされ、母親達は熱心に調理実習に参加されていました。私は依頼内容のとおり栄養の専門家としてチームに加わり、レシピの開発業務を担当しました。現地にある食材を使って、家計に無理のない予算で、ご家庭の一般的な調理器具でできる簡単レシピをいくつか考案しました。

　プロジェクトは順調に進んでいるようにも見えましたが、肝心の結果がまったく付いてきませんでした。プロジェクト進行の途中で実施されるモニタリング項目「行動変容実態調査」の結果からは、プロジェクトが最も期待をしていた「家庭での食の多様化」がほとんどの家庭でまったく進んでいないという結果が出ていました。

課題分析を見直す

　プロジェクトの課題は「同じ料理ばかりを食べ、家庭の食卓に食の多様性が乏しいこと」とされていました。もしかして何かボタンのかけ違いがあるのかもしれないと思った私は、プロジェクトチームと相談をして、次回の渡航の際には現地渡航期間を長めに取り、実態を理解するべく各家庭を回ることになりました。

　家庭訪問の度に、各家族みんなが快く出迎えてくださり、家族のことや健康のために気を付けていることなどを、ウェルカムなテンポで自慢げに話してくださるご家庭ばかりでした。

　私は24時間思い出し法という種類の食事調査を行い、前日に食べた食事の内容を教えてもらってご家庭を巡回していきました。途中他のプロジェクトスタッフと手分けをして3人で調査を進め、1週間で50家庭分の調査結果を入手することができました。

　食事調査の結果としては、確かに料理名には偏りがあり「ご飯又は小麦の焼き物＋煮込み」を1日3回召し上がっている家庭がほとんどでした。しかし、お料理に利用される食材を見ていくと、野菜・海鮮・お肉・お豆とバリエーションに富んでいました。のちに栄養価計算をしてみると、栄養価的にもとてもバランスのよいものだということがわかりました。

　そして私は、プロジェクトチーム内での会議の機会に、「栄養の専門家としてこの結果を受け現状の食事の改良点を挙げるとしたら、総分量を1.5倍程度にするということくらい。お料理名は同じでも、その中身に多様性が乏しいということではないのでは」とコメントしました。

何もわかっていなかったことがわかった日

　ちょっとだけ話が脱線します。私は海外渡航中、出張ということで基本的に仕事しかしません。現地の歴史や文化に触れるべく観光地などに出向くことも同じくらい大切なことだとは思うのですが、わからないことが多いので単純に時間が足りずに土日返上で調べものをしたり、外務省が推奨する移動の時間帯やエリアにおける制限、行動制限などもあり、夜間や土日であっても宿泊先に引きこもるというのがデフォルトの生活を送っています。

課題分析の見直しのために家庭訪問をしに渡航したこの出張でも、例外なく宿泊先と仕事場を往復する毎日を送っていました。さらにいうと、この時は宿泊先の部屋のドアの向こうに24時間体制3交代制で警察が警備に当たってくれているという状況下での出張でした。

　ある日私は、どうしても市場に行きたいと強い意志で訴えました。それまで、外国人であることを理由に危ないからダメだと頑なに拒否され、渡航後数日経過している食の専門家であるというのにも関わらず、住民にとっての地域の台所ともいえる市場を訪れたことがない状況だったのです。

　安全上の理由を強調され市場訪問を拒否されていましたが、私は①衛生環境確認、②価格調査、③流通調査などを目的に、どうしても訪れなければ質の高い業務が遂行できないと交渉し、やっと市場に連れて行ってもらうことが叶いました。

　市場はたくさんの人、人気のエリアとそうでないエリアがあったり、賑わっているお店もあれば人がまばらなお店もありました。野菜エリア、穀類エリア、魚介エリア、豆エリア、調味料エリア…。永遠に続く商店の様子、その広さよりも驚きだったのは、永遠に目に映り続ける男性の姿でした。

　市場の買い物客の100％が男性だったのです。付き添いですら女性の姿は見かけませんでした。私はなるべく平穏を装い、英語が話せそうな人に質問をしていきました。他の市場でも買い物は男性がしているのか、曜日や時間帯に左右されることはあるのか、いろいろききましたが結局のところ、この国では男性が家計を握り、家族で唯一財布を持ち、お米以外の買い物を一手に担っているのが男性というのが一般的だということでした。

発することのできなかった女性たちの声

　プロジェクトでは、家庭で調理をする母親たちを対象に調理実習が行われてきました。きっと実習で学んだことをご家庭で実践してくれるであろうと期待をしてのことでした。母親たちが新しく覚えた健康的なレシピは、家庭で調理を実践し家族へ食事として提供するために、適した食材が必要で、それを購入するという大切な過程がありました。もしもその一連の過程のなかで、適した食材を購入することができなかったとしたら、いつまでも食卓に

並ぶお料理の量も質も改善されることは、なかなか期待できません。

　完全に大切なことを見逃していたことに気づき、私はこの状況で何かできることはないかと考え始めました。気にしていなかったとはいえ改めて周りを見渡してみると、私を含めプロジェクトの運営コアメンバーも7名中6名が男性、つまり私1人が女性であり身近に相談できる同姓メンバーが皆無であることに気が付きました。

　「身近な女性、身近な女性…」しばらく考えたのち、次回の死亡症例会議で会えるはずのクリニックの看護師長、そしてその前に会えるであろう、調理実習に参加してくれるはずの母親たちのことを思い浮かべました。

　私はしばらく、大切なことを見落としぬくぬくと生きていた自分の不甲斐なさにため息が出そうになるところ、なるべく普通を意識していつもの私を装い、井戸端で世間話をするように質問をしてみました。「ねーお母さん、そういえば前回習ったＸＸの食材、旦那さんに買ってもらえそう？」答えは普通に「ＮＯ」でした。

　自分の家庭にいくら食費が使われているかわからないが、父親が食べたいものや買いたい食材を買ってきて、父親が先に食し、女性や子どもは最後に余ったものを食べること、与えられた食材でしか調理ができないことを、小さな声で教えてくれました。

ジェンダー平等活動をしている団体とタッグを組む

　その後、信頼できる看護師長の紹介で市のジェンダー平等推進部の方と知り合うことができた私は、プロジェクトメンバーに「本健康増進事業推進をするためのプロモーションの一環」という建て付けで市との連携強化を提案し、無事に守秘義務契約書にサインを交わし合うことができたのち、早速市のジェンダー平等推進部の方々にプロジェクトの概要とともに、これまでの実績や現状などをお伝えしました。

　そのまま読み上げる形で言葉にすると、女性が不平等だとか虐げられている可哀そうなイメージを抱かれることが多い「男尊女卑」ですが、実は男性も何かしらの恐れや苦しみを抱えているケースが多くはないですが、少なくもないと感じています。

「男だから女性をリードし守らなければいけないもの、だから社交の場での用足しは男性が一手に担うべきだ」とか、「威厳に満ちて偉そうにすることは女性にとっての理想の男性像であり、女性を幸せにするために努めなければいけない」とか、なかには「美しすぎる女性が無自覚に醸し出す魔法の影響で、男性を狂わせてしまうといけないので家の中に大切にしまって置かなければいけない」という理由で、女性を家庭内に閉じ込め拘束したり、発言権や選択権などを奪うに至っている男性たちに出会いました。

私は思わず「それって本当にそうなの？　奥さんは何て言っているの？ちゃんと話した？」という突っ込みが喉のところまで出かかりながらも、身近にロールモデルとなるような人がいなかったり、何らかの理由で夫婦間での対話の欠如が招いた誤解により、男尊女卑状態を無駄に生んでいるケースもあるのではないかと疑いました。

そして、市のジェンダー平等推進部のスタッフに相談し、プロジェクトの枠組みは変えないまま調理実習の一部の時間を利用し、家族間での対話を促せるようなセッションを取り入れることにしました。

まずは女性たち1人ひとりがまだ自覚できていない自分自身の素晴らしさを見つめ直すセッション、そして旦那さんに相談をするシーンの練習は毎回ロールプレイの時間を多めに、内輪ネタなんかも含めつつポイントは押さえて、みんなで行う振り返りは真剣ながらも意外と笑いも多めになります。

ジェンダー平等に関する専門家からは「ちょっとだけ話しにくい内容のことも、食事をしながら手を動かしながらだとすっと話せたりするので、調理実習時間の活用はとても効果的」「自分の家庭だけかもしれないという不安が、みんなの家庭でもあることなのだと気づけただけで笑顔が生まれた」などのポジティブなコメントをもらいました。

健康増進を目的としたこのプロジェクト、メンタルヘルスの領域まで範囲を広げたというほどではないと思っています。ただ、栄養・食生活改善を主たる事業とするなかで、可能な範囲で配慮ができた事例ではないかと振り返ります。

3. 商売人に似ている　－村人とビジネスを始める－

課題解決 or 価値創造

　とある国のとある村にて、ある日スーツを着た1人のビジネスマンが村を訪ねてきた時の話をしましょう。

　彼は私にこの村の課題を解決したくて訪れたと話し、根掘り葉掘り地域のことを質問しました。そして彼は、私からの二次情報だけでなく、直接村の人たちにも会って話がしたいと言うので、私は「まずは自己紹介をしてあげてください。そしてどうか、助けにきてあげているというスタンスや話し方ではなく、時間をもらって教えてもらうんだというスタンスで話をして欲しい」とリクエストをしました。そして彼は、十分にその重要性を察してくれて、心得ることを約束してくれました。

　私はビジネスマンのために一肌脱ごうと、村人たちを誘いました。この村に興味を持ってくれている異国の人が、村のことをさらに知りたいと言っているのでみんなでお茶会をしないかと声をかけ、ビジネスマンは10名程度の村人たちと会えることになりました。

　お茶会当日、村人たちの前で自己紹介をするビジネスマン、なるべく簡単な言い回しで、村人たちと目を合わせながら、自分がビジネスマンであること、このお茶会の目的として「みなさんと一緒にお話をするなかで、役に立てることがないか模索をしたいから」と伝えられました。

　村人たちは笑顔と拍手でビジネスマンを迎え入れ、丸くなって自分たちも自己紹介をしてくれました。そして村人の長老が、ぜひ彼の質問に真摯に答えようと切り出し、ビジネスマンが村人たちに聞きたいことを聞きやすい状況をつくり上げ、質疑応答の時間に入りました。

　－ビジネスマン

　「では、最初の質問です。この村のProblem（＝問題）は何ですか？」－

　彼はこの日、村から村の出入り禁止を言い渡されてしまいました。

ビジネスマンの失敗

　村への出入り禁止、どうしてビジネスマンの身にこんなことが起こってしまったのでしょうか。

　それは村人たちが、彼がこの村に問題があるということを決めつけ、突きつけたと感じたからのようです。村人たちはビジネスマンのことを「失礼な人」と呼び、これ以上他の村人たちに無礼な質問や発言をされることのないように、出入り禁止を言い渡したのだと理由を説明してくれました。

　この理由を聞いたビジネスマンはというと、「まったく心当たりがないのになぜ？」と不満な様子でしたが、先進国と呼ばれる国々のように国勢調査などが綿密に行われていないようなこの国では、実際に住んでいる村人たちからの一次情報はとても貴重なもので、その情報が得られないとなるとビジネスをしかけるという点で難易度は高まり、結論的にこの地域でビジネス模索をすることは諦めることにしたそうです。

　国際協力者にとって、目的達成のために唯一で最高な手段を選べていると断言できることは、恐らくないのではないかと思っています。答えがないなかで、限られた情報や資源を活用して、与えられた環境のもと、プロジェクトとしてできることを取捨選択していくのです。

　「もしもビジネスマンが、答えをさがそうとせず、問題や課題があることを前提にした"課題解決型支援"ではなく、村人たちの在りたい姿やビジョンに伴走する形の"価値創造型支援"をしようとしていたならば結果は違っていたのではないか」と、ついたらればを語ってしまったところで時はすでに遅しという状況になってしまいました。

　「商売でここの村人たちに福を招きたい」そんな温かいビジョンを描いていたビジネスマンとは、厚かましくも「私がそのビジョンを大切に引き継がせていただこう」と心に誓いつつ、そっと連絡を絶ちました。

循環型経済とお金の話

　このビジネスマン出禁事件が起こる少し前のこと、私はいつものごとく調査のため1人で村に泊まり込み、食物と情報の流れの実態を調べていたことがありました。その時にわかったこととして、村では地産地消率が非常に高

56

く、徒歩圏内での物々交換が主であり、貨幣経済ではなく循環型経済にて生活が営まれていることが挙げられます。

　基本的に村人のほとんどが財布を所持しておらず、お金を目にすることも滅多にない、そんな村人たちですが、年に数回だけ現金が必要になることがあるとのことで、それがどんなときなのかをさらに調べてみると、教育と医療を受けるときということもわかりました。

　私は不思議に思いました。村内にある公立の学校（義務教育期間に限る）や病院であれば、国が無償で通えるよう保障がされているはずなのです。

　さらに、義務教育以降進学を希望される村人も、実際に進学する村人も、私が知る限りは誰もいないという状況に加えて、村の中心部から車で3時間程走らないと有料となる私立の学校や医療機関はなく、村内では私立のそれらに通うために必要な車両を見かけることも大変に稀でした。

　村を訪れる前の日本でのデスクトップ調査の結果では、政府が公開している情報を基に「最低限の教育や医療は無償で提供されており、貴重な社会資源である」という認識があったので、私はなぜ村の人が医療と教育と受けるにはお金が必要なのか、最初はわからず不思議だったのです。

「お金持ち＝幸せ者」という噂

　よくよく話を聞くと、学校の授業や医療機関での医療行為を受けること自体は、やはりお金はかからないとのことでした。

　しかしながら、学校からはチョーク・紙・電球などの消耗品や最低限の備品を購入する予算が学校にはないために、その資金を生徒たちからの集金により工面しているということが明らかになりました。

　また、医療機関でも同じく予算がないことを理由に、包帯・消毒用アルコール・脱脂綿など、治療を受ける際に病院スタッフから「持参物リスト」を渡され、それらを購入して持参できないと治療が受けられない状況があるということもわかりました。

　ふと私は、違う国ではあるけれど「医者の白衣を洗濯できないため、手術ができず、命を救えない」という状況に対して、日本人の看護師が2年かけて現地の方々と井戸を掘り水を確保し、クリニックにて日常的に洗濯をす

ることを可能にしたことで、命を救う機関としての能力強化に貢献したという国際協力仲間の活動例を思い出していました。

　この村で教育や医療にお金が必要な理由を教えてくれた村人たちは、みんな口を揃えて言いました。「子どもたちを学校に通わせて大学に行かせたい。大学を卒業すると、いい仕事に就けてお金持ちになれるから、そうしたらちゃんと必要な時に病院にも通えるから」と。

　大学へ行かせたい他の理由は特になく、学びたい（学ばせたい）ことも就きたい（就いて欲しい）職業もあるわけではない。それでも町に住む親せきや友人が、テレビから得た「大学を出たらお金持ちになれる」という情報をステレオタイプに無条件に信じ、子どもたちの将来の幸せを願っている様子が印象的でした。

　ちなみに、この地域で行った情報の流れ実態調査の結果では、最大の情報収集源は①遠くに住む親せきからの電話、②毎週通っている教会での神父さんや近所の方との話、③健康診断の時の病院でのスタッフや居合わせた村人との話、ということでした。

　ほぼ停電のこの村では、普段は使用していなくても携帯電話を所有する家庭が増え、ここ５年くらいで、充電と利用料金チャージさえあればこの村からも世界中とつながれる状態に変化してきました。ソーラーパネルや発電機を所持しテレビを持っている家庭も出ています。村の外や外国の様子がメディアを通じて情報として入ってくるようになり、村人たちの価値観の変化が加速してきたのです。

お金がないところでお金は使われない

　金銭的なことが理由で安心して医療にかかる余裕がない村人たちは、予防の意味でも健康的な食習慣を学ぶための学習意欲が高い方が多く、不足しがちなたんぱく源や、良質な油の確保などを食生活に取り入れたいと考えておられました。しかし、やはりお金がないことが理由で、学習により意識が変わったのちも行動変容にまではなかなか至っていません。

　何とか収入源をと試行錯誤するものの、集まった村人たちが有する資源は村内全体を見渡しても珍しいわけではなく、さらに村人たちはみんな揃って

「使えるお金がない」と言い、発言どおり実際の消費行動もほとんどない状況なのだから、村人間での売買は難しいのではないかと察しました。

　そんな時、村に町と町を結ぶ主要な道路が通る計画があることを知りました。その道路は、村の外の郡や県の多くの人が利便性を求めて通るであろう予測が立てられているということを知り、村人たちとは「将来道路を通る人たちをターゲットに村の特産品などを売れるようにしよう！」という話で盛り上がり、約1年先に予定された道路開通へ向けての挑戦が始まりました。

　どんな商品を売っていきたいかという話し合いのなかでは、単に特産物である野菜や穀類を売るのではなく、目を引くようなものにしたいと村人たちは主張していました。

　私は私で生鮮食品をそのまま販売したりカット販売するには、①収穫後に適切な温度で保管ができるか、②在庫管理がうまくできないとフードロスが増えてしまうリスクがあるがどう対策を打てるか、③サイズや質の標準化ができない場合値つけの難易度が上がるし複雑にもなる可能性があるがどうするか、などの懸念があり、その議論も交えながら検討しましたが、最終的に加工品として販売をすることを提案しました。

　村での主な保存方法は乾燥保存、オクラやキュウリやナスなどいろんなものが天日干しされ保存食として利用されていました。それと同じにしてはまったく目新しいものではないということで、「天候などに影響を受けやすい水分の多い食品、トマトやマンゴーなどをジャムにして販売しよう！」となりました。

　まずは瓶集め、煮沸消毒の方法を習得、若干のマーケティング調査を行い商品名やパッケージに記載する情報を決め、値つけをし、ジャム販売をしました。店舗を持たない移動販売、商品ができても自分たちで食べたくなれば食べる、売りたくなれば売ってみるという生産販売状況でした。

　それほど多くの収入につながっている印象はまったくなかったので、今後の展開プランを練ったほうがいいかとも考えましたが、村人たちからそのような要望はなく、ただただとても楽しそうに、そして誇らしげに製造・販売をしている村の人たちを見て、このまま見守ることに決めました。

　とある村人は言いました。「息子は大学へ出さないで、ここでジャムをつ

くって売ればいいね」と。収入源の大幅な向上にはつながらなかったこのささやかな"ジャムビジネス"ですが、村の人たちが自分たちの村を誇りに思い、純粋に楽しめて、子どもたちの幸せのために「大学へ行かせる」以外の選択肢が広がり、それに伴って大学の学費を稼ぐということに執着をしなくてもよくなったのならば、それはそれでよかったのかなと感じました。

第4章　国際栄養士のリアルを覗く

1. コンサルタントに似ている
―中長期経営戦略を策定する―

素人でも貴重な仲間

　ここまでで繰り返しお伝えしてきましたが、国際栄養の分野で貢献ができる人材というのは、本当に多様であると思っています。栄養課題が大きいといわれる地域では、栄養や臨床のプロだけでは解決できない事例がたくさんありました。栄養不良という事象は、多種多様な原因から起きている。いろんな分野の方々とマルチセクトラルにアプローチできることが、解決を大きく後押しできることを実体験を持って痛感しています。

　そう、私が本書を書いている大きな理由の１つに「仲間を増やしたい」と

いう希望が含まれているのですが、栄養不良のない社会を一緒に目指し考え歩んでいける仲間は、たくさんいればいるだけ頼もしいものです。だから、たとえきっかけが気まぐれな興味でも、優しさのカケラでも、不本意な学校の課題であったとしても、途中参加大歓迎だと思っています。可能な範囲で無理なく共創していけたらと思うのです。

　私は共創していくことに関わる人たちが、必ずしも専門職の人がいいとか、全力フルコミットできる人がいいとか、知識や経験が豊富な人がいいというわけではないと思っています。

　私自身がそうですが、専門性が高い分多角的な視点に欠けがちで、とても気を付けて多角的に物事を見られるよう意識をしているのですが、いろんな方の視点があれば、「わざわざ多角的に」と無理をしなくてもナチュラルに多角的な視点で物事が見られるということになるのではないかと思います。

　ずっと業界にいるからこそ持てる視点もあれば、そうじゃないからこそ持てる視点、どちらもきっと大切で、近くにいるからこそ見えない部分を、遠くの人が見つけてくれる。そんな借り物競争のような共創も素晴らしいじゃないですか。

　だから私は、どんなきっかけであろうとも国際栄養の領域で行動を起こしたいという人がいたら、歓迎するしエールを送りたいと思っています。

やる気しかない仲間たち

　とある農業系の国際 NGO から連絡を受け、栄養教育活動をしたいので相談に乗って欲しいという依頼を受けたときの話を紹介しましょう。

　依頼内容は私の人生史上最も不明確で「とにかく現地にきてアドバイスをして欲しい」ということでした。現地でどんなことをしているのかも、何のためにどんなアドバイスを求められているのかも、渡航の目的すらよくわかりませんでした。ただ、誰に言われるでもなく能動的に何かをやろうとしているのだなという"やる気"だけは感じられたので、依頼どおりとりあえず渡航をすることに承諾しました。

　国際協力業界では、栄養改善に直接的に影響を与えるような支援を「Nutrition-Specific（＝栄養に特化した）Approach」と呼んでいるのです

が、それに対して間接的に影響を与える支援は「Nutrition-Sensitive（＝栄養に配慮した）Approach」と呼ばれ、農業省や農業関連セクターでは「Nutrition-sensitive agriculture（＝栄養に配慮した農業）」の実現を模索するということが増えていました。ですので、相談の声をかけてくれたこの農業系NGO団体も、カオスのなかで手探りに栄養教育活動に挑戦をしようとしている様子がうかがえました。

　そんなこんなで、珍しいほど渡航までの期間、日本でのデスクトップ調査などをほとんど行わず、渡航期間中の予定もほぼ白紙のまま、とりあえず現地入りすることになりました。現地に到着すると、早速その日のうちに栄養教育活動担当スタッフたちとの会議の場が用意されていました。

ヒアリングと調整に徹する

　初めましての会議で、1冊の冊子を手渡されました。説明などはなく、とりあえず読んでみてくれという様子なので、私はその冊子に目を通すことから業務を始めました。冊子の内容は、クライアントである農業系国際NGOの本部が作成した理念と年次計画などが書かれていて、「我々は今年度から、栄養に配慮した農業を実践していくべく、栄養教育活動を開始する」という文章に印が示され、年間スケジュールには「栄養教育」という項目があり、しっかりとしたバーだけが引かれているのが見えました。

　私を日本から呼んだ相談者の訴えとしては、同冊子にはステップガイドとして①事業地を決める、②関係者を分析する、③地域の課題を抽出する、④地域のキーパーソンと連携する、など実践までの手順が書かれてはいるが、そのとおりに進めていこうにも、なぜかできずに困っているとのことでした。

　文章は理解できているのに、どこがわからないかもわからない。さらに、どうやったらできるようになるのかも、自分たちだけではわからないという相談を受けました。

　たとえば、「①事業地を決める」というステップ1つをとっても、組織として選択基準や優先事項、規約などがないなかで、どういう観点で決めたらよいのかがわからないのだと察しました。実際、相談者たちはそれぞれ自分の親族が住んでいる地域を事業地として推薦するものの、すべてを事業地と

定めることはできないということは理解しつつも、判断基準がわからず GO とも NO とも言えないまま 1 か所に決めきれない状況が続いていたようです。

　他のステップにおいても、抽象的で解像度が荒いため、実践まで自力でたどり着けない状況だということがわかりました。

　こういう場合、私の経験上待っていても時間だけが流れてしまうようなもので、私は躊躇なく会議のモデレーターになり、各スタッフに対してひたすら質問（ヒアリング）をしていくことにしました。

　冊子に記載の理念には同意しているのか、理念に反しない内容で設計していくことでよいか、さまざまな栄養課題があるなかで気になる課題はあるか、こっちの課題とあっちの課題どっちが気になるか、できそうなことから始めたいか、できるかできないかじゃなくてやりたいのはどれか、それはなぜか、全部大事だけどいまできていなくて必要だと思うことは何か、他の誰かや組織が担えるような活動なら任せたいか、それとも繰り返し学習の効果を期待して任せず一緒に実施していきたいか…。

　とにかくみんなの思考や優先順位が見える化できるよう、話し合いながら項目ごとに相談者たちの意向を書き出しては、上層部に意見を伺うということをしばらく繰り返し続けました。

比較をする目的は自己認知のため

　話し合い数日目、だいぶメンバーみんなと打ち解けてきたと実感していたある日、とても深刻な表情でスタッフが声をかけてきました。「Asahi、僕たちはサプリメントについて詳しくないので教えられないし、糖尿病の患者の方に対する栄養教育も、離乳食についての食事指導も、できないんだ」と、この世の終わりのような顔をして訴えてきました。

　話をきくと、インターネットで「栄養教育」「内容」と検索をかけたり、国内で栄養教育をすでに実施している方の活動の話をきいたりしても、それらができなければ栄養教育とはいえないと指摘をされたようで、この世の終わりのような顔になるまでひどく落ち込んだというのがことの経緯でした。

　私は彼がインターネットでさがし当てたページや、国内で活動している先

駆者の所属先は、きっと保健省や保健関連セクターのものであるということを、容易に想像しました。

　保健省が掲げるミッション・ビジョンと、農業省が掲げるミッション・ビジョンは重なる部分もあるかもしれませんが、基本的には異なっていて、その違いがあるからこそ相乗効果が期待できるのではないか、そんな話を彼らにしました。

　それでも保健省が実施している栄養教育が「できない／できそうもない」ことに落ち込む彼らの姿があったので、この日の会議は急遽「農業セクターの強み」と題して、他のどの省にもできない素晴らしい活動を実践してきたことに気づけるようなワークショップを組み込みました。

　安全な土壌のつくり方は、保健所スタッフの方々には教えられないけれど、自分たちには教えられる。畑を耕しながらその土地に合った農作物の提案が的確にできる。そして、もしその農作物の栄養や料理の方法まで語れるような栄養教育ができたとしたら、他のどこが真似できる栄養教育となることだろう。そんな言葉を交わし合ううちに、彼らの表情は和らぎ、すっかり情熱を取り戻しているようでした。

ロードマップをつくる

　1週間程度の議論を経て、向こう3か年間の事業計画・収支予算・採用計画・人員配置計画・PDM を整えることができました。私は正直、短期超集中の業務にだいぶ疲れ果ててしまいましたが、現地のスタッフが付き合い切ってくれたことでなんとか仕上げることができたのだと振り返ります。

　書類の仕上げの際に気を付けたことは、それぞれの書類がどんな意味と役割を持っているのかが事業に関わるメンバー間で共通認識できているということです。

　作成した書類は、メンバー間での同意を得て上層部の方の承認を得たものであり、いわば決定事項が記載されたロードマップだと言うにも関わらず、もしもメンバーの中に「単なるアイデアペーパーなので修正改良が余裕でできるしむしろそうあるべきだ」と捉えている方が1人でも混ざっていたとしたら、せっかくの書類が本来の意味を成しません。

ですから、「何のために活動をするか」と同じくらい「何のための書類なのか」を事前にチーム内ですり合わせを行い、同意を得ておくことが大事だと思うのです。

　これは大きな組織だと、それぞれの書類のフォーマットが用意され、役割やその見方や修正するときのルールや作成方法が書かれたガイドラインのような冊子を準備されているところもあります。

　インターネット上でダウンロードできるものもあるので、参考にしたいという方はさがしてみてください。

多様な人との借り物競争

　このように、私史上最もよくわからない「ミステリー出張」は怒涛のように始まり終わり、コンサルタントとして立ち上げ支援を行い帰国したわけですが、せっかくなので、帰りの飛行機の中で思ったことをここに書き残させていただこうと思います。

　初めて何かを挑戦しようとした時、何から考えていいのかすらわからないということは、よくあることです。0から1をつくる（ないものをカタチにする）ことが得意なスタートアップ気質な人もいれば、1を5にする（全体の能力や規模を上げる）ことが得意なスケールアップ気質の人もいる。

　どちらが優れているという話ではないと思います。どちらもフェーズによって必要な人材となるのです。そして、私がミステリー出張で学んだように、お互いにお互いから学び気づかされることは多いはずです。これも異なる性質のメンバーと行う "視野の共有" となるのではないかと思います。

　この世にはセクターなどの領域のみならず、いろんなタイプの方々がいます。だからこそ、力を合わせて共創することの面白さと可能性は無限大です。

　これも優れているということを伝えたいわけではないのですが、私の印象的には、先駆事例のない立ち上げができるスタートアップ気質な人は稀だと思うので、そのフェーズのコンサルが得意な方は、国際栄養の分野でももれなく重宝されるのではないかと思いました。

2. 議員に似ている　－新しい法律をつくる－

購買意欲の引き立て方を問う

　私は時々、加工食品のパッケージに記載するメッセージを含む、パッケージデザインのお仕事依頼を受けることがあります。マーケターでもデザイナーでもコピーライターでもないし、それらのセンスも残念ながら特にないと自覚していますが、栄養士として食品表示の省令については学んでいるため、食品表示の基準や一般的なルールを加味したパッケージデザインという点では役立つこともあるのだろうと思っています。

　ただし、お仕事をいただく国には、日本には存在する「食品表示に関する省令」や「誇大広告を規制するための法律や景品表示法違反の罰則」などが、しっかりと定められている国ばかりではありませんでした。

　そんな状況下では、痩せると書いてあるので買ったけれど痩せないとか、貧血が治ると書いてあるのに治らないとか、そのような相談がたくさん寄せられ、その度に該当商品のメッセージングに信憑性がない、詐欺まがいなパッケージに嫌気がさすことも少なくありませんでした。

　ある日、クリニックで時々見かけるご婦人が、とある箱を持って栄養相談の窓口に並んでいました。話を聞くと、医者に血糖値が高く糖尿病であることを指摘され原材料に「Sugar」と書かれている食品は控えていること、スピルリナというスーパーフードが血糖血を安定させてくれる働きがあるときいたので、飲んでいるのだがむしろ血糖値が若干高くなっているということを教えてくれました。

　持っていた箱を手渡され商品を見てみると、「スピルリナ100％」という商品名で、原材料にはブドウ糖という糖類の名前が記され、糖類の含有量を概算すると60％ほどだったと記憶しています。

　私はご婦人に、数あるスピルリナの商品の中から、なぜこの商品を選んだのかと理由をきくと「もともと甘いのが好きなので、Sugarが入っていないのに甘みが感じられるうえに、他のスピルリナよりも大分安価だったから」と答えてくれました。

確かに Sugar（＝砂糖）とは明記されていないものの、ブドウ糖が砂糖と同じ糖類であることに気づけなかったことや、原料としてスピルリナは糖類よりも高価なものなので、糖類入りのほうが安価で購入したくなるということは、仕方のないというか自然な消費行動なのだと思いました。

　しかし、このような相談がすごく多く、再発防止のためのレクチャーもそれなりに複雑で難しいので、この時も例外なくご婦人の理解度の底上げには、非常に難航したという記憶が蘇ります。

お腹を壊す原因

　一昔前までの栄養不良に陥る主たる原因の1つとして、不衛生な水や食環境などにより、下痢を引き起こし、その結果せっかく食事を取っても栄養が腸で吸収されないがゆえに栄養不良に陥っている、という状況にあった国が少なくありませんでした。世界の統計的にはミレニアム開発目標（＝SDGsの前10年間の開発目標）時代に大分改善されたようですが、まだまだ国や地域によって同じような課題が存在しているのも事実です。

　そしてこのご婦人にスピルリナ商品についてレクチャーをした国でも、質の低い加工食品により下痢症を引き起こすということが少なくない状況にありました。

　開発途上国といわれる国々では、まだまだ製造業なども盛んではない国や地域がまだらに存在し、加工食品をパッケージングする素材の強度や精度にはばらつきがありました。結果、消費期限以内であっても食品が腐敗してしまったりカビが生えていたりするなどが見受けられていました。

　他にも、適切な家庭レベルでの保存・販売レベルでの保管・輸送などができておらず、食品が傷んだまま商品として店頭に陳列されていたり、そもそも消費期限や製造日の記載がないということも珍しくありませんでした。

　このように、購買者・消費者は五感を頼りに、その食品が安全な状態かどうかを見極める能力が問われていたのです。しかし「腐っても鯛」ではないけれど、五感を使って危険を察知できたとしても、もったいないので食べてしまうということもとても日常的に起こっていました。

　理由はどうあれ、不衛生な加工食品により下痢症になるという状態が多発

していましたし、それを防ぎ品質を管理するための食品衛生法のような法律も確立し切れていないという状況下にありました。

衛生管理基準と成分規格

　食品の衛生状態を見るためには「細菌検査」と呼ばれ、その食品に対し細菌の有無や量を検査して各細菌の種類ごとに食品に含まれる菌の種類や量に問題がないかを確認するという方法が主流です。

　日本の集団給食を実施している学校や病院などでも、日常的に使用する食品の細菌検査結果をFAXやメールで送ってもらい、該当する食品が衛生面で安全かどうか、問題がないかが確認されています。

　また、成分規格では品質の管理として含まれている栄養素の最低基準や範囲などを示されることが多く、たとえば日本のアイスを例に挙げて説明すると、食品衛生法「乳及び乳製品の成分規格に関する省令」という厚生労働省発令の法律があり、乳固形分15.0％以上（そのうち乳脂肪分8.0％以上）のものをアイスクリーム、乳固形分10.0％以上（そのうち乳脂肪分が3.0％以上）のものをアイスミルクとし、乳固形分3.0％以上のものをラクトアイスと定めています。

　私は、この国でもこれらと同じような品質や規格を示す基準があれば、衛生的にも安全で、一定以上の成分品質が担保された商品だけが流通し、お店に陳列されるようになるのではないかと考えました。

　そんなことを想って、プロジェクト国における各食品群別食品衛生基準のたぐいの法律を調べていると、まったく存在しないわけではないが稀であり、出そろっていないという印象を受けました。

　そんななか、何気なくそんな話を現地の連携パートナーである栄養士に話をすると、同じように考えていたことがわかり、何か私たちにもできることはないかとさらに考えるようになりました。

バラバラなだけ

　実は、同じような課題感を持って同じように食品衛生基準を整えたいと考えている方がたくさんいました。

保健省や農牧省、コミュニティー・開発省などいろいろな関係深いステークホルダーのキーパーソンを集め会議を行うと、それぞれが食品衛生基準を設置することを強く望んだうえで同意をされていました。

　ただし、食品衛生基準を設置するに至るまでのプロセスや優先着目点などは、会議に出席している全員が全員、顕著にバラバラだったのです。

　このバラバラを1つひとつパズルのピースをはめるように進めていけば、食品衛生基準が定められるのではないかという確信のもと、長く濃厚な協議期間を持ちました。仲間の1人は、何度か行われる会議の開催日時と参加者連絡調整に加え、当日のファシリテーションに徹していました。私は栄養専門職として近隣国や環境の近い国の食品衛生基準を片っ端から調べ、参考になりそうなデータを取りまとめて資料にし、議論のたたき台になればと共有をしたりしていました。

　バラバラなやり方、バラバラな情報、バラバラを会議の参加率、それらを1つにまとめるだけで、食品衛生法は無事に各主要セクターに承認される運びとなりました。

　文章にすると質素ですが、本当に大変でした。特に会議の参加率を全体の2/3以上にしないと会議はやり直さなければいけないというルールが適応される場合がありましたし、そうなると参加者のモチベーション維持が懸念され、さらにいつまでも決議されずに時間だけが過ぎてしまいかねない状況でした。ですので、参加者全員が可能な会議の開催日時の設定調整と、リマインドを兼ねた参加者への細やかな連絡はとても大変でした。プロジェクトマネジメント能力が最も問われる業務だったのではないかと思います。

食品衛生法の設置

　私が栄養専門職として依頼を受ける業務は、中長期にわたり国民の意識や行動変容を促せるような、栄養教育を主軸としたものが多いのですが、このように伐根的かつ広い範囲でリーチできる政策の提言や法規制の監督などといわれる業務も時として重要な役割を果たすと感じています。

　5年、10年を見据えた中長期スパンにて、地道に栄養教育アプローチをしていくことは大変重要で必要なことかと思います。しかし、たとえば今回

のように、待ったなしの再発防止をしかけたい状況でありながらも、改善のためには購買者や消費者の商品選択能力の強化が必要だったり、難易度の高い栄養学を理解できることが求められたりしてしまう場合には、1人ひとり対症療法的に教育を説くよりも、法律の力を借りた瞬発的なアプローチの方が有効であるのではと思いました（瞬発的とはいえ、それでも数年かかるということも大いにあるのですが）。

　私が実際にやったことは「エビデンスや参考資料のリサーチ及び取りまとめた資料の共有」でした。それを現地の国家公務員の方々が受け取ってくださり、チームメンバーによる試行錯誤と努力の結果、とある国のとある食品群の食品衛生法の設置につながったという事例を紹介させてもらいました。

3. インフルエンサーに似ている
―国連でスピーチをする―

Z世代に最も人気の職業

　昨今、Z世代（1990年代半ば～2000年代の初め生まれの方々の総称）
のみなさんが将来なりたい職業第1位が「インフルエンサー」と書かれた
記事をよく目にする機会がありました。

　インフルエンサーとは、影響、感化、効果を意味する「Influence」を語源
とし、社会に大きな影響力を持つ人物という意味で使われているようです。
具体的には、インターネットやメディアなどを通じた情報発信力があり、集
団の思想や行動、生活習慣などに大きな影響を与えている人のことだときい
て、Z世代のみなさんにはおかれましては、ぜひ国際協力の分野でインフル

エンサーになって、「どんどん戦争をやめて握手やハグをしたくなるような、環境破壊をやめて自然と人の共生バランスを整えたくなるような、ライフスタイルが変わって心身ともに健康が増進できちゃうような、そんな影響をどんどん社会に与えてくれたら！」と、祈ってしまいました。

　今、本書を手に取ってくださっているあなたにとって、国際協力の分野はあまり身近ではないかもしれません。もしかしたら、実際にこの分野に足を踏み入れているよという人もいるかもしれません。いずれも、メディアというインフラを通して世界中の今を網羅するかたちで、ハングリーに分野の情報を巻き取ることができる時代になりました。

　いまでは世界中どこにいても、SNS、テレビやラジオなどさまざまなメディアが身近にあり、大なり小なりみんな、影響を受け・与え合って過ごしていることと思います。

　国際的な栄養改善の歴史のうえでも、インターネットや携帯電話の利用が一般化される前、世界ではテレビが普及されていき、それと同時に世界で起こっているさまざまな格差や現状がテレビ番組放送を通して明るみになっていったという歴史があります。

　たとえば、アフリカには食べ物を十分に食べることができず、手足が細くお腹だけぽっこりしている"難民"と呼ばれる方々の様子がテレビで世界に発信されたことで、国連などがいち早く反応し、世界の食糧問題について調査や協議が深まる契機になったということは、歴史上大きなターニングポイントになったと語られています。

日本人というだけで差別化されている

　世の中にはたくさんのインフルエンサーがいらして、各々がそれぞれの表現や手段で影響を与え合っていることと思います。

　突然ですが、海外協力隊という言葉をきいたことがありますか。

　海外協力隊とは、日本国政府が行う政府開発援助（＝ODA）の一環として、外務省所管の独立行政法人国際協力機構（＝JICA）が実施する海外ボランティア派遣制度のことを指し、募集分野や職種は多種多様、これまで92か国（2019年9月現在）に派遣実績を有する日本の制度のことです。

詳しくは、次の第5章で野村真利香さんが JICA の他の制度を含めご紹介くださいますので、興味がある方はぜひ熟読してみてください。

　何を隠そう私も海外協力隊の経験者なのですが、多種多様な国に派遣されていた隊員仲間とよく話していたエピソードがあるので紹介したいと思います。先に結論を言ってしまうと"外国人である自分"が話すことや行うだけで、意図せず影響力を得ている場合が多々あるという話です。

　仲間の1人は、派遣先に着任してすぐに驚きと絶望を味わうことになったそうです。活動の内容は「指導者に対する技術指導と、地域住民に対する啓もう活動」と言われていたので、張り切って現地のスタッフたちに指導をしようと思っていたところ、自分よりも現地スタッフの方が経験も技術もあったことに驚くとともに、自分にできることが何もないと、着任早々絶望してしまったようでした。

　その後、現地スタッフとの議論や関わりのなかで、技術や指導力がある現地スタッフであったとしても、能力が比例する形で影響力になるとは限らないということに気づき、メンタルを持ち直したそうです。この時のエピソードをもう少し詳しく紹介しましょう。

　隊員仲間の話によると、現地スタッフと同じ内容の話を、同じ場所で同じ地域の方々を対象に話をした場合、現地スタッフの話よりも隊員仲間の話のほうが、しっかりと耳を傾けてくれている印象を受けていたそうです。そして、話を聞いてくれた人数を数え集計すると、やはり自分の時のほうが現地スタッフが話す時よりも多いという結果にも気が付いたそうです。

　念のためおさらいをしますが、隊員仲間よりも現地スタッフのほうが知識も経験も技術も優れていることは確かだそうです。また、話す内容には台本があり、話の構成や内容は現地スタッフと隊員仲間の間で違いはなく、喋りの上手さに左右されているわけではなさそうでした。

　では、なぜこのようなことが起こっているのでしょうか。他の隊員仲間と一緒に考察をすると、自分が日本人ということで、珍しいもの見たさに集まってきたり、ネイティブではない話し方に興味を持たれたり、「外国人（日本人）に会ったことがある」という経験値を持ちたいという動機により、集客と影響力が高くなっていたのではないかという話になりました。

「動機は不純？」でも、無関心層を巻き込んで大切な話をきいてもらうチャンスを得たことには変わりません。着任早々絶望を経た隊員仲間ですが、前述のとおり自分の価値がインフルエンス力だと悟ってからの2年間は、地域住民に対する啓もう活動を精一杯行い切り、晴れ晴れとした気持ちで任務を終え帰国することができたそうです。

ボロボロだった英語のスピーチ

私にも、意図せず大きな影響力を得たエピソードがあります。真っ先に思い出すのは、ニューヨークの国連本部で実施したプレゼンテーションです。

当時担当していたアフリカの栄養改善事業担当者として、大変光栄にもニューヨーク国連本部 Infopoverty World Conference にお招きいただき、「ICT 技術の可能性」というタイトルでテクノロジーがどのようにアフリカの栄養改善に貢献し得るのかという内容のスピーチをさせていただいたことがありました。

実をいえば、可能であるなら他のスタッフに会議の参加を代わって欲しいくらい、私は知らない人の前で話をすることも英語で話をすることも得意ではなかったのですが、当時のボスの粋な計らいとチーム体制の事情により、意を決してボロボロの英語で登壇をしました。後から一緒に参加をした同僚にきいた話ですが、私のスピーチには時折スペイン語のイントネーションが混ざっていたそうです。本当にひどいスピーチだったのではないかと振り返ります。

国際協力に携わるならば、語学力は絶対にあったほうがいいです。語学力がないことを言い訳に二の足を踏む必要もないとは思いつつ、いくら翻訳ツールや通訳などの助けを得られる時代になったとしても、自分の声と表現で伝えられ意思疎通を図れる価値は、あらゆる場面で貴重であると感じます。

そう語学の重要性を痛感しながらも、英語のスピーチ力が乏しく不完全燃焼ともいえる結果に終わった国連本部でのプレゼンテーションでしたが、このことがきっかけで思いがけずに大きな影響力を得ることになりました。

まず、ネイティブスピーカー並みに流暢な英語を話す方々ばかりが集うあの会議で、1人かけ離れ独特な英語でスピーチをしたアジア人として深く印

象づけられたらしく、その後質疑応答時間が終わってからも直接私のもとへ質問にきてくださる方や、恐らく会話力が低いことを察してか名刺を交換してメールでディスカッションをしたいと声をかけてくれる方、後日実際に連絡をくださる方が何人もいらっしゃいました。

　そして、当時担当していたアフリカの栄養改善事業のプロジェクト関係者たちにおいては、自分たちの取り組みを国連本部の会議を通して、世界中に発信できたことにより更なる誇りとやる気に満ちてくれたことや、私の田舎の両親が「一体どんな仕事をしているのかさっぱりわからないが、国連で発表できるくらいだから怪しい仕事ではないのだろう」と喜んでくれたこと、日本のヘルスケア領域における若手実践者の声（当時はまだ私は 30 代でした、若手ということでよろしくお願いします）が、世界にも届けられる世の中になった 1 つの象徴的な出来事として捉え、同業の若者たちの間で盛り上がってくれたこと。

　範囲も規模もバラバラですが、私たちの発言や行動は他者（社会）に影響を及ぼすことができます。国連でのスピーチはわかりやすいほどの反響が得られましたが、日頃からそのことを忘れずに、誰にどんな影響を与えるのかを最大限に想像し、責任の伴った発言や行動を心がけたいと思いました。

私がインフルエンスされた先駆者たち

　本書を書くと決めた時、直感的に「私だけの見てきた世界・感じたことを主に本書を書き上げることはベストではない」と感じました。そこで、同じように異文化に身を置きながらも栄養や教育の専門職として世界に影響を与えておられる 4 名のみなさんに協力いただき、その視座とご経験をお借りして、クロストークという形で多角化したメッセージをお届けできないかと考えたのです。

　今回快くクロストークのお相手を引き受けてくださった 4 名の方々は、私自身が大きく影響を与えられた存在でもあります。まさに 4 名はインフルエンサーとも呼べるでしょう。

　ここでこの後第 5 章にて登場いただく 4 名それぞれからいただいたプロフィール文章を紹介したいと思います。多様性溢れる 4 名の方々と太田と

のそれぞれのトークは必見です。必ず、必ずやご一読いただけるようよろしくお願いいたします。

① 鈴木道子氏：尚絅学院大学学長　北海道大学医学部卒業　医師

国立病院医療センター (現国立国際医療研究センター病院)、東北大学病院等で勤務の後、尚絅女学院短期大学助教授・教授、その後尚絅学院大学教授。山形県立米沢女子短期大学及び米沢栄養大学の学長を経て、現職。医学博士。栄養専門職養成をテーマに博士（教育学）。専門は、臨床医学（内科学）、教育社会学。

② 宮澤靖氏：東京医科大学病院栄養管理科科長、東京医科大学医学部講師　管理栄養士

1987 年 北里大学保健衛生専門学院 栄養科 卒業後篠ノ井総合病院栄養科 入職、1993 年 エモリー大学医学部 臓器移植外科 栄養代謝サポートチーム 留学、1994 年 アメリカ静脈経腸栄養学会認定ＮＳＤ（栄養サポート栄養士）取得。　Emory Crawford Long Memorial Hospital 栄養サポートレジデント、2002 年 社会医療法人近森会 臨床栄養部部長、栄養サポートセンター長、 近森会 NST ディレクター、2019 年より現職。

③ 野村真利香氏：独立行政法人国際協力機構 (JICA) 人間開発部 国際協力専門員

博士（医学）取得後、順天堂大学医学部公衆衛生学教室助教、JICA イエメンコミュニティー母子栄養・保健プロジェクト長期専門家、武見国際保健プログラムフェロー（ハーバード公衆衛生大学院）、国立保健医療科学院主任研究官を経て現職。専門は国際栄養、公衆衛生学。

④ 田才諒哉氏：国連世界食糧計画（WFP）ラオス事務所

新潟県出身。サセックス大学 Institute of Development Studies 修了（開発学修士）。これまでに JICA 海外協力隊としてザンビアでコミュニティーー開発、NGO 職員としてスーダンでの緊急栄養支援やエチオピア、ナイジェリア、マリなどアフリカ農業支援、国連 WFP マラウイ事務所で人道支援に従事。ニューズウィーク日本版「世界に貢献する日本人 30」に選出。

第5章　国際栄養改善実践者の方々との
クロストーク

1. 尚絅学院大学学長　鈴木 道子氏

諸外国の栄養専門職養成システムと日本のシステム比較のきっかけ

太田：鈴木先生、本日はお話できますこと楽しみにしておりました。お聞きしたいことがたくさんあります。どうぞよろしくお願いいたします！

鈴木：こちらこそよろしくお願いいたします。

太田：早速ではございますが、鈴木先生といえば、本書序章でも引用させていただいております「諸外国の栄養専門職養成システムと日本の位置づけ」と題して 2012 年度当時データを取りまとめられたお方ですが、諸外国の栄養専門職養成システム及びその関連事項の概要を明らかにして、日本のシステムと比較をしようと考えられた、当時のきっかけなどはあるのでしょうか。

鈴木：もともと私の専門は医学なのですが、縁あって、1990 年から、短期大学の栄養士養成に携わることになりました。最初は、専門領域からのお手伝いということで、限られた授業を担当していたのですが、勤務していた短期大学が、4 年制大学となり、管理栄養士の養成を行うことになって、しばらくしてから、管理栄養士を養成する学科の長となりました。その頃、管理栄養士の養成全体についての理解が足りないことを痛感しました。

太田：鈴木先生は現在、私の地元でもあります宮城県にて、学長先生を務めてらっしゃいます。これまでも北海道、山形県や宮城県、東北を拠点にアカデミアの領域から医学や栄養などの分野をリードいただいているという印象が強いです。

　　　学科長になられたことをきっかけに、栄養専門職のシステムについて深く調べようと考えられたということですね。

鈴木：はい。自分 1 人で勉強してもよかったのですが、できれば、より専門的に学びたいと思い、東北大学の大学院（教育学研究科）に社会人入学したところ、当時専門職の研究をしている指導教員と出会うことができました。その時から、本格的に、栄養専門職の養成についての研

究を始めました。主に、日本における栄養専門職養成制度の変遷と、それにかかわるステークホルダー（養成施設、職能団体、行政機関）の研究でしたが、その過程のなかで、諸外国の栄養専門職の養成制度と、日本の位置づけについて知りたいと思い、当該論文を執筆しました。

太田：なるほど。「栄養専門職」、ICDA の文書内で Dietitian-nutritionist と書かれている部分の訳ですね。そういった経緯があって生まれた論文でしたか。私が初めてその論文を拝見した時、その"諸外国での違い"に衝撃を受けたことを思い出しました。

世界比較！　栄養士になるための条件の違いとは

太田：当時のデータを拝見すると、資格認定のため多くの諸外国が学士以上の条件を付けておられたり、そうではなかったりと、世界共通の条件ではありませんでした。そして実習プログラムについては、ICDA のの国際基準を満たした 500 時間以上とされる実習プログラムが含まれていない国が、日本を含めいくつかあったようですが、今でもやはり国によって条件などにバラつきなどあるのでしょうか。どのような点が異なるのかなども可能な範囲で教えていただきたいです。

鈴木：2012 年論文執筆当時では、記したとおりです（25 ページ参照）。日本についていえば、栄養士・管理栄養士の養成制度の基本は当時と変わっていません。実際は、管理栄養士の資格取得者は学士を有していることが多いと思いますが、法律上は、必須ではありません。専門学校や短期大学等で栄養士の資格を取得した方でも一定の条件を満たせば、管理栄養士の国家試験を受験し、合格すれば、管理栄養士の資格を取得できます。

太田：そうですよね。確かに、専門学校や短期大学等で栄養士資格を取得後も、実務経験などを経て管理栄養士国家試験を受けるという栄養士がたくさんいますよね。

鈴木：また、養成施設によっては、国際基準である 500 時間以上をカリキュラムに組み込もうとしているところもありますが、法律上義務づけら

れてはいませんので、多くの管理栄養士は、国家試験受験前に、その条件を満たしていないと思います。栄養士と管理栄養士の２階建て構造になっていること、また、栄養士から管理栄養士への移行が条件を満たせば可能であることは、日本の栄養専門職養成制度で特徴的なことだと思います。

太田：栄養士、管理栄養士の仲間と話をしていても、日本は学術的な知識の習得に偏り過ぎているのではないか、日本の実習時間の少なさに対する危機感を耳にすることがあります。これまでの日本の栄養専門職養成制度の当たり前も、世界の当たり前ではないということですね。

鈴木：日本での栄養士養成は、実質的には大正年間に始まっているのですが、栄養士法に基づき制度化されたのは、第二次世界大戦後です。また、より高度な資格として管理栄養士制度ができたのは、1960年代です。この間そしてその後も、職能団体である日本栄養士会は、栄養士の資質向上と社会的地位の向上を目指して、栄養士の専門職化について大きな役割を担ってきました。ただ、管理栄養士全面国家試験化となった2000年の栄養士法改正以降は、法令改正という面での日本栄養士会の動きは大きくはなく、むしろ、実務についている栄養士・管理栄養士の生涯教育の充実に力を入れ、より専門的な管理栄養士の育成に力を入れていると感じています。

10 年における国際的な動向

太田：国内で実務につかれている管理栄養士の、より専門的な育成に注力されている！　はい、とてもしっくりきます。では、国際的なところでいう動向はどのようなものでしょう。

鈴木：今回、あらためて、ICDAのHPを覗いてみました。まず、2014年に、栄養士教育の国際基準に従来の学士であること、500時間以上の実習プログラムに加えて、教育の質の担保（国際的能力基準に合致していること）が加わっています。

太田：そうでしたね。コンピテンシーと書かれた部分ですよね。当時、初めてその追加された文章を見た時に「具体的にどんな？」と、私はしば

し考え込んでしまいました（笑）。

鈴木：また、加盟している団体が増えています。53の国レベルの栄養士会（団体）が加盟しており、それでも、全世界の国の数からいえば、4分の1程度ですが、2012年同時の42に比べると増加していますのでより多くの栄養士会が、国際基準を意識するようになっているのではないかと思います。

太田：多くの諸外国の栄養士会で国際基準への"意識"が高まっているのですね。では、実態としてはどうなのでしょう。

鈴木：世界の栄養士の実際面については、多様な状況であるという点では変わりがないのではないかと思います。

なお、ICDAは、全世界の組織ですが、アジア栄養士連盟（AFDA）という組織が、1991年からあり、現在日本を含む12か国が加盟しているということです。

太田：この10年の動向に関して詳しく教えていただきありがとうございます。世界各地で栄養士教育における国際基準への意識が強まるなかでも、やはり各国の文化や取り巻く社会環境などによって疾患はもちろん栄養課題も多様である。だからこそ、ローカライズされるべき部分があり、実際面という点では多様な状況になっているのかなとお話を伺いながら感じました。

日本の生涯教育について

太田：また1つ日本の話題に戻りますが、日本栄養士会の生涯教育についてはどのような方針で始まり、どのような動向を経ているのでしょう。日本ならではと感じられる点なども含め、鈴木先生のご所見を伺えますでしょうか。

鈴木：日本栄養士会は、私は加入できないので、ホームページや資料などからの推測になります。先ほどもお話ししましたが、日本栄養士会は、職能団体としてさまざまな活動をしてきていますが、大きな目標として、栄養士の資質向上と社会的地位の向上を目指していました。そのため、養成教育については、栄養士法の改正による資格の厳格化（管

理栄養士制度の創設や管理栄養士になるための資格条件の厳格化等）を目指し、一方で、加入している栄養士には、管理栄養士の資格取得を促すべく、国家試験受験に向けた情報を提供し、研修会なども積極的に行ってきました。その意味で、日本栄養士会は、当初から、生涯教育に熱心に取り組んできたともいえるのですが、2000年の栄養士法改正で、管理栄養士になるためにすべての人が一定の条件を満たしたうえで、国家試験を受験して合格しなければならなくなり、ある意味、当初の目標を達成したのだと思います。

太田：管理栄養士養成課程のある学校法人、教育機関にも影響があるのではないでしょうか。

鈴木：管理栄養士養成施設である4年制大学も急激に増加し、日本栄養士会の構成メンバーも管理栄養士が圧倒的に多数派になりました。
　　　ICDAの国際水準も、相当程度意識したと思うのですが、資格取得段階までの500時間以上の実習については、実際上難しいということもあり、より高度な生涯教育にその活動の力点を移していったのではないかと、私は思っています。

太田：管理栄養士養成課程に 500時間以上の実習を組み込めるかについては、やはり検討されるべく重要要素でしたか。当時は管理栄養士資格の細分化案なども議論されたとききました。

鈴木：現在、国家資格としては、管理栄養士以上の資格はありませんが、分野別に、学会認定や日本栄養士会の認定の専門的な資格はかなりあり、現職の栄養士・管理栄養士のみなさんは、それらの資格取得を目指し、研鑽し、取得後は、その資格に誇りと責任を持って仕事をされているのではないかと思っています。

日本の栄養士・管理栄養士の位置づけ

太田：ここまでは、世界各国の栄養士／管理栄養士さんのこと、養成学校や実習のこと、いろいろなお話をいただきました。日本の生涯教育についても話の流れで、鈴木先生が考えられる日本の栄養士・管理栄養士の位置づけ、そして強みや補強すべき能力など、イメージの限りで結

構ですので教えていただけますか。

鈴木：日本の栄養専門職養成制度が、第二次世界大戦後の状況を反映して、女子短期大学での養成により、拡大したこと、その後、多くの有資格者が、専門職として就職せず、「家庭の中から栄養改善」のキャッチフレーズにあるように、家庭人となったことは、栄養士の専門職としての発展には足かせになったかと思いますが、一方、多くの人が栄養に関する専門知識を持って家庭の運営に当たったことは、日本の、特に戦後の栄養改善にとっては、意味があったと思っています。ただ、その制度を維持したまま、上位資格としての管理栄養士を生み出し、専門職化しようとしましたが、現実には、その後の管理栄養士養成課程の急増により、社会が必要としている栄養専門職数と供給のアンバランスが続いています。

太田：具体的にいうと、どのような場面でのアンバランスが挙げられるのでしょうか。

鈴木：たとえば、臨床栄養領域の管理栄養士業務は、非常に高度な専門職たり得ると思うのですが、病院を中心にした受け皿（就職先）はわずかです。すべての管理栄養士養成課程で、その領域に見合った管理栄養士を育てようとするには無理がありますし、また、育てたとしても受け皿（就職先）がありません。その意味で、日本栄養士会が、現職者に生涯教育を提供して、専門性のブラッシュアップを行い、専門管理栄養士等の資格を出していることは評価できると思います。一方、それほど、高度な専門領域ではない分野にも、質の保証された（国家試験合格者の）栄養専門職が多く配置されていることは、日本全体の栄養課題解決にはプラスになっていると思います。

太田：本当ですね。なんだかとても素晴らしい戦略とも思えてきました(笑)。

鈴木：現在の管理栄養士養成課程は、幅広い分野での学びがあり、これ以上の内容を詰め込んでいくことは難しいと感じています。より高度な専門職としての管理栄養士の育成について、現状のように、日本栄養士会の働きや、個人の研鑽に任せていいのかよりも、広い意味での制度化（大学院での教育や国家資格化など）が必要なのかは、今後の課題

かと思います。

アメリカ合衆国の栄養士は世界基準から外れている

太田：そうだ、今度は日本からアメリカの話題まで飛んでしまいますが、私
　　　この後、東京医科大学病院栄養管理科科長宮澤靖先生ともお話をさせ
　　　ていただく予定なんです。宮澤先生はアメリカ合衆国の栄養士免許を
　　　取得され現地の病院にて活躍されていることで有名なお方。アメリカ
　　　合衆国の栄養士養成人数は、データがある国のなかで最多であるとも
　　　聞いています。それこそ国内は高度な栄養の専門家だらけなのかな、
　　　と勝手に想像してしまうのですが、鈴木先生の目から見て、アメリカ
　　　の栄養士はどのような特徴があると思われますか。

鈴木：実のところ、アメリカ合衆国の栄養士については、医療現場で、医師
　　　を始めとした医療スタッフと対等に（内容によってはリーダーシップ
　　　をとって）議論をしている臨床分野の有資格者のイメージが大きく、
　　　非常に高度な専門職のイメージがあります。また、そういうイメージ
　　　が、日本栄養士会を始めとして、意識的に伝えられてきたかと思いま
　　　す。
　　　実際は、登録栄養士の養成数が多く、登録栄養技師が携わるようなフー
　　　ドの分野に、登録栄養士が進出してきているという話も聞いています。
　　　そういう意味で、アメリカ合衆国の栄養士の実像については、実際は
　　　かなり幅広いのだろうなという気がしています。

太田：おー、やはり！　米国栄養士の資格を持つ友人の話をきいての想像で
　　　したが、私のイメージもそんな感じでした。
　　　高度医療栄養士的な。あ、鈴木先生から宮澤先生にご質問とかござい
　　　ますか？　よかったら代わりに質問させていただきますよ。きっと本
　　　書を手にしてくださる方にとっても有意義な質疑応答文章になるかと
　　　思いますので、何かあれば！

鈴木：①アメリカ合衆国での、登録栄養士と登録栄養技師の教育レベルでの
　　　違いは何か　②アメリカ合衆国における栄養専門職の需要と供給のバ
　　　ランスはどうなっているか　③高度な臨床栄養士の教育と、その後の

質担保がどのように行われているかなど、お伺いしたいと思います。

太田：ありがとうございます。私もとっても気になる内容！　宮澤先生にはぜひ可能な範囲で伺ってみますね。

栄養課題を十分見定められ国際舞台で活躍を！

太田：最後になりますが、現在宮城県にある尚絅学院大学で学長を務めていらっしゃる鈴木先生ですが、御校の学生のみなさんやこれから国際協力や国際栄養の分野で活躍したいと考えられているみなさんへ向けてメッセージをお願いいたします。

鈴木：食糧供給の問題や食文化の違いなど、食や栄養に関することは、国レベルでも地域レベルでも、もちろん個人レベルでも大きく異なります。ただ、人が生きていくうえで、「食べる」ことは基本ですし、ただ「食べる」だけではなく、「栄養」を意識していくことはとても大切です。食と栄養の専門職としての栄養士の活躍の場は、無限にあると思います。日本では、栄養学の基礎を学ぶとともに、日本における栄養課題の現状と解決の方策まで学びます。国際栄養についても学んではいますが、それほど大きな比重ではないと思います。

どの国でも栄養学の基礎的な部分は大きくは変わりないと思います。が、国によって解決すべき栄養課題は大きく異なります。学んだことは学んだこととして、大切にしながらも、その国や地域の栄養課題を十分見定めたうえで、最適な解決への道をさぐっていただきたいと思います。実習時間では、国際水準に合致していませんが、日本の教育内容はかなり高いと思います。ぜひ、多くの方が、しっかりした基礎知識と柔軟な発想を持って、国際舞台で活躍していただきたいと思っています。

太田：鈴木先生、この度は貴重なお時間をいただき本当にありがとうございました。私も宮城県出身のためよく帰省しているので、本書が完成となった際にはぜひ直接御校へ届けに伺わせてくださいませ。

鈴木：ぜひいらしてください。宮城県を始めとして東北地方は、食材の宝庫です。若干塩分過多が問題ですが、食材のよさを生かした、郷土色豊

かな食がたくさんあります。ぜひ、ご一緒させてください。

太田：はい、ぜひ連絡をさせてくださいませ。

2. 東京医科大学病院栄養管理科 科長　宮澤 靖氏

NST (Nutrition Support Team) を国内導入する際に困難だったこと

太田：宮澤先生といえば、患者さんを取り巻く医師や管理栄養士、薬剤師、看護師、介護福祉士などで構成され、多職種の視点から栄養管理を支援する栄養サポートチーム（=Nutrition Support Team、以下「NST」）の仕組みを日本へ導入した仕掛け人として大変有名です。宮澤先生、今日はどうぞよろしくお願いいたします。

宮澤：こちらこそよろしくお願いいたします。

太田：早速ですが、今でこそ日本の医療機関においては当たり前のように設置されている NST ですが、先駆者として、当時どのような背景があったのか、ご苦労なんかもあったと思うのですが、可能な範囲でお聞かせいただけますでしょうか。

宮澤：私が NST を知った 1990 年初頭は日本で NST を組織している医療機関が 1 つもなく、栄養サポートは医師の裁量に一任されている状況でした。院内唯一の栄養専門職である管理栄養士に至っては、厨房内でただひたすら「食事をつくる」業務に追われ、病棟で栄養サポートをする概念すらなかった時代でした。

太田：いまだに栄養士というと「食事をつくる人」というイメージが持たれがちですものね。当時の固定概念がいかに強かったものか、名残を感じずにはいられません。

宮澤：そのような状況のなかで、病棟に赴き多職種で「患者の命と栄養を守る」ということが理解されず、帰国後に最初に着任した病院の事務スタッフからは「医者まがいのことをやっている」とか他施設の管理栄養士からは「宮澤は厨房業務をしないので管理栄養士ではない」と酷評をされたこともありました。

太田：何事も新しい何かが生まれるその過程では、周囲の「認知して安心したい」という気持ちが強いのか、変に執着されて勝手な解釈で型にはめられてしまうこともあるのでしょうね。レジェンド宮澤先生、大変

【院外活動】エモリー大学医学部 NST 特別スタッフ、一般社団法人日本栄養経営実践協会 代表理事、
上海交通大学医学院附属新華医院 客員教授、四川大学华西医学院客員講師、シンガポー
ル Peace Haven 財団 医療技術上席顧問、他国内多数の大学で客員教授・臨床教授・非
常勤講師などを務める

なこともあったかと存じますが、日本に NST を広げてくださり、本当にありがとうございます！

NST 国内導入前の栄養サポートの実態

太田：さて、 そしてとても気になることがあるのですが…、NST が日本になかった頃、1990 年代前までの栄養サポート状況は、どのようになっていたのでしょう。

宮澤：医師も「盲目的な栄養処方」が一般的で、数日間におよぶ絶食＋末梢輸液＋抗菌薬がセットメニューになっている症例が多く散見されていました。

太田：医師も栄養のプロというわけではないので、 NST 構築前は、お決まりのパッケージ化された栄養処方を単純処方することしかできなかった、そんな時代もあったということですね。

宮澤：はい、そうです。しかし、2000 年に入る頃からようやく NST の重要性が多くの医療従事者に認識され、 NST が治療成績を向上されるようになり、 一気に「NST 構築」の気運が日本国内で広まってきて今日に至っています。

太田：私が栄養士になった 2004 年頃には、NST という言葉を耳にする機会が多くありました。新卒で入社した在宅型のホスピスチームの医師は、アメリカとカナダで研修を受けた際にあちらで NST の機能に感銘し、すっかり影響を受けたと話されていました。

医師たちからは「これからは患者さんを中心に、関わっているスタッフみんなで栄養のことを考えるんだ」という、熱意のようなものを感じていたことを思い出しました。

2000 年代前半なので、まだまだ模索をしながらという段階ではありましたけど。

アメリカ合衆国の栄養の専門家「米国登録栄養士」になるには

太田：そしてもう 1 つ、宮澤先生といえば！ アメリカ合衆国の NST 専門栄養士免許を取得、 ジョージア州の優良病院にて NST をリードされ

ていた先生でもあります。

先にインタビューをさせていただいた鈴木道子先生ともお話ししていたのですが、諸外国の栄養士養成システムと日本を比較したときに、アメリカ合衆国の養成プログラムはかなり高度というか、もうお医者さんと同じくらいの勉強量と業務内容では？　と思ってしまうのですが、実際のところはどうなのでしょうか。

宮澤：私が留学して勤務していたエモリー大学は、栄養学部がなく卒後のインターンシップを受け入れる「トレーニングホスピタル」でしたので、学部の詳しい情報は存じ上げないのですが、同州にあるジョージア州立大学の例でお話しすると、日本の養成校との教育内容はかなり差異があると言えます。

太田：ちなみにですが、アメリカではより高度な臨床知識やや経験を有し、高リスクがある患者さんなどを担当する登録栄養士（RDN=Registered Dietitian Nutritionist）と登録栄養士の補助的な役割や低リスク患者の栄養管理を行う登録栄養技師（DTR=Dietetic Technician Registered）いう職種があるようですね。

今日は「登録栄養士」について伺ってもよいですか。

宮澤：はい。米国で登録栄養士になるためには　ACEND（米国教育省に認証された栄養士教育認定評議会、以下「ACEND」）によって定められた栄養士養成機関 / プログラムで学位を取らなければならなかったのですが、今年の 2024 年 1 月以降は、修士以上が必須となっています。ですので今後は資格認定試験の受験資格を得るためには、修士以上の修了と ACEND に認められた機関でのインターンシップ修了が必要となります。また、合わせて米国の栄養士会的な存在である AND(=The Academy of Nutrition and Dietetics) から、栄養士登録に必要な資格試験登録の管理を信任された CDR（ = Commission on Dietetics Registration）の資格認定試験に合格し登録を行う必要があります。

太田：なるほど、それら 3 つの条件をクリアーしなければ米国で登録栄養士になれないということですね。

米国登録栄養士になるために必要なインターンシップの実態

太田：米国登録栄養士の友人の話によると、インターンシップ先が確保できなかったという理由で、米国登録栄養士資格認定試験（以下「登録栄養士試験」）を受けられなかった方が少なくないそうです。それが事実なら、登録栄養士試験の受験を希望する方にとっては、需要と供給のバランスが取れていない厳しい状況なのかな、と感じてしまいました。とはいえ、インターンシッププログラムは長期の臨地実習ということで、受け入れる病院側も安易な気持ちで受け入れるわけにはいかない！　ということも理解できます。なかなか難しいですね。

さて、米国登録栄養士になるために、必ず実施しなければいけないインターンシップですが、実際はどのようなものなのでしょう。

宮澤：インターンシップは、臨床・コミュニティー・フードサービスの3分野で行われます。エモリー大学では臨床に圧倒的な重きを置いているトレーニングホスピタルとなります。インターンシップの長さも、プログラムデザインによって変わりますが、9か月（現在では 半年〜12か月）かけて、1〜3週間ごとに異なる診療科のローテーションを現役である登録栄養士と一緒に病棟を回って、ベッドサイド教育を受けていく感じです。私も渡米期間中に3名のインターンを受け持ちましたが、いずれも「医学部生？」と思われるほどの知識でした。

太田：3分野の内1つを選び、じっくり学んで行くというスタイルなんですね。もうインターンに辿り着くまでの道のりを聞いただけで、それはすごい知識なのだろうと想像してしまいます。

あ、私実は実習時間に関してちょっと調べてきました。2011年発行のデータ *4 では日本は最低 180 時間であるのに対して、米国は最低 1200 時間、イギリスは約 1040 時間、フランスは約 1015 〜 1305 時間、ドイツは約 1400 時間と…、だから日本は実習時間が少なすぎると指摘されるのでしょうね（*4 笠岡 (坪山) 宜代, 桑木泰子, 瀧沢あす香ほか：諸外国における栄養士養成のための臨地・校外実習の現状に関する調査研究, 日本栄養士会雑誌, 54, 556-565 (2011)）。

では、実習の内容ではどうでしょう。実習時間しかり、特徴的な違い

はあるのでしょうか。

宮澤：日本では多くの養成校が「糖尿病、腎臓病の生活習慣病の食事療法」を中心とした教育課程で、私の専門領域である集中治療、外傷の教育はほぼ皆無であります。

太田：確かに、集中治療や外傷の教育を受けてきたという管理栄養士養成学校の生徒には会ったことがないですね。

宮澤：米国では研修初日から画像、心電図、エコー、フィジカルアセスメントなど集中治療領域で必要な基礎知識はすべて大学で履修してきていましたし、あとは「症例を通して経験を積ませる」ことがインストラクターの役割でしたので、高度なディスカッションをしながら私自身も学びを深めることができました。

太田：米国の国民のみなさんの印象を話させていただくと、食事療法における予防学へ取り組む・学ぶ姿勢が非常に高いと感じています。日本は国民皆保険制度でかなり経済的負担が少なく治療を受けることができますが、アメリカを含む多くの諸外国ではそうはいかないので、予防学をしっかり習得されている国民の方が多い分、米国登録栄養士という専門家に求めるレベルも自ずと高くなるのかなと、勝手ながら想像しつつお話を伺いました。

日本の栄養士・管理栄養士の今後の動向

太田：そして、東京医科大学病院栄養管理科科長として現在は日本の臨床機関で管理栄養士業務を行いながらも、国内の大学・大学院などで講師や客員教授などを務めてらっしゃる宮澤先生には、ぜひ今後の日本の栄養士・管理栄養士がどのような役割を果たしていくようになるのか、動向を伺いたいと思うのですがお願いできますでしょうか。

宮澤：はい、主に5つの動向が期待されると思います。
　①病院管理栄養士は、患者の健康状態や治療ニーズに基づいて個別に調整された栄養サポートを提供する役割がますます重要になると思います。これには、疾患や手術による栄養リスクの評価、適切な栄養サポートの計画、および患者と連携した実施が含まれます。

②チームアプローチの強化では、病院内での協働と連携がますます重
　要になります。管理栄養士は医師、看護師、薬剤師などと連携し、患
　者の全体的なケアをサポートすることが期待されると思います。

太田：患者さんとの連携、そして他の職種の医療従事者らとの協働・連携、「連
　　　携」という言葉がキーになっているんですね。後半３つの動向もぜひ
　　　教えてください。

宮澤：③教育と予防プログラムの提供では、管理栄養士は、患者やその家族
　　　に対して栄養に関する教育を提供し、疾患の進行を遅らせ、再入院率
　　　を低減させるための予防的なアプローチにも力を入れることが期待さ
　　　れます。
　　　④地域社会との連携では、病院管理栄養士は、患者が病院を退院した
　　　後も地域での栄養サポートをするために、地域のケアネットワークと
　　　連携することが増えると思われます。
　　　⑤継続的な専門教育の必要性が極めて重要ですが、医療の進歩や新し
　　　い栄養療法の導入に追従するため、管理栄養士は常に最新の知識を取
　　　り入れるために継続的な専門教育を受ける必要があると思います。

太田：５つのポイントを一気に話していただきました。管理栄養士が調理現
　　　場を後にし、病棟や他セクター室・地域、そして学びの場へと積極的
　　　に通うようなイメージが目に浮かぶようでした。非常にわかりやすく
　　　まとめていただきありがとうございました。

ワールドワイドに栄養改善業務に従事されている理由

太田：さて、次の質問ですが、以前宮澤先生のご講演で、栄養士・管理栄養
　　　士に向けて「どんどん世界へ出ていく栄養士になって欲しい」と話さ
　　　れていたのが印象深く残っているのですが、宮澤先生ご自身も今もな
　　　お、日本で管理栄養士としてご活躍されながら、中国やシンガポール
　　　でも栄養改善活動を実践されていますよね。どんな想いで、どんなこ
　　　とをされているのですか。

宮澤：10年前に中国の臨床栄養学会に海外招聘講師として「日本のNSTの
　　　現状と展望」と題して講演をさせていただきました。その際に「どの

ようにしたら日本のように NST が多くの施設で稼働できるようになるのか？　稼働後の NST 運営の 1 番大切なポイントは何か？」と質問され、私は一言で「管理栄養士の情熱と覚悟です」と回答しスタンディングオベーションで称賛をいただきました。

太田：先生、格好よすぎます。

宮澤：このことがきっかけで、中国の多くの医療機関から「当院でも NST を構築したい」とのご要望をいただき、中国全土でお手伝いが始まりました。そこで目にしたものが、日本における 1990 年初頭の日本の栄養サポート体制でした。特に、農村部の医療機関では十分な栄養サポート体制が構築されていなくて、低栄養のため治療が難渋している症例を数多く目にしました。

太田：2010 年代の中国で、1990 年代を感じられたわけですね。

宮澤：また、シンガポールでは日本の企業のお招きで 1 週間、現地の栄養士、看護師に集中講義を行い、その際に「栄養士が全土で 68 名しかいない。65 歳以上の国民は国民の 11.7％（2013 年）から 19.1％（2023 年）に増加した」という事実を知り、絶望的な慢性人材不足を解消しようと、栄養士養成校が 1 つもないシンガポールにおいて国内養成をするべくカリキュラムの構築のお手伝いをしています。

太田：私はもう宮澤先生の情熱と覚悟こそを、ひしひしと感じております。そして、日本は世界から「超少子高齢社会の最先駆」だなんて言われ注目を浴びていますが、高齢化という現象は今後世界中でも起こると予測されていますし、同じ悩みを抱える国が増えていくのでしょうね。

宮澤：アジア諸国は急激な高齢化が進んでおり、栄養サポートは必須の急務であります。少しでも私のスキルと経験で貢献できたらと思っています。

太田：世界中の臨床機関での業務・指導経験を有する栄養の専門家の力添え、どれほど頼もしいことか。でもそれよりもやはり、宮澤先生は現地の国の「管理栄養士の情熱と覚悟」が大事だとおっしゃる、その意味もすごくわかる気がしています。やり抜く力、大切ですよね。

「海外へ行ってしまえばなんとかなる！」といった逃げの姿勢では得るものはない

太田：最後の質問です。私のもとへ「アメリカで栄養士として働きたい」
　　　「アメリカの病院で栄養指導がしたい」という相談がたくさん寄せられます。そんな方々や、これから国際協力・国際栄養の分野で活躍したいと考えられているみなさんへ向けて、メッセージをお願いします。

宮澤：情熱とスキルによって、人々の健康と幸福に寄り添う素晴らしい仕事に挑戦することは、きっと素晴らしい冒険になるでしょう。
　　　異文化の中での新しいスタートは、確かに挑戦的なものですが、それは同時に成長と学びの機会でもあります。日本からもたらされた豊かな栄養学の知識と、温かいおもてなしの心は、アメリカの患者たちにとって貴重なものとなることでしょう。
　　　新しい環境での生活や仕事においては、困難にぶつかることもあるかもしれません。その度に自分の強さと柔軟性を信じ、前進していってください。あなたの存在が、患者たちに健康と希望をもたらすきっかけとなることでしょう。あなたの情熱と使命感は、国境を越えて広がり、多くの人々に影響を与えることでしょう。
　　　しかし、言葉、文化、宗教、価値観の違うアメリカでの仕事は安易な選択では失敗をしてしまいます。より具体的な目標を掲げ、「なぜアメリカなのか？」を自問してから渡米されることをアドバイスさせていただきます。

　　　そして、大切なポイントは「アメリカに行ったらすべてが解決する。道が拓ける」といった逃げの姿勢では何も得るものなく不本意な結果を導いてしまうことを決して忘れないことです。アメリカでの臨床栄養の道で、新しい発見と素晴らしい出会いがあることを願っています。成功への第一歩を踏み出すあなたに、心よりの応援を送ります。頑張ってください！

太田：米国登録栄養士の資格をとっても、日本の管理栄養士として働くことはできませんし、米国では更新制度を採用しているので日本のように

1度管理栄養士国家試験に合格をしたら一生無条件で管理栄養士というわけにはいきません。だからこそ、中途半端な気持ちや受け身な気持ちでは、成し得ないのではということですね。
　宮澤先生、いつも心に青い炎を灯されておりますとても情熱的な方でした。私の知らないお話ばかり、素敵なお話をどうもありがとうございました！

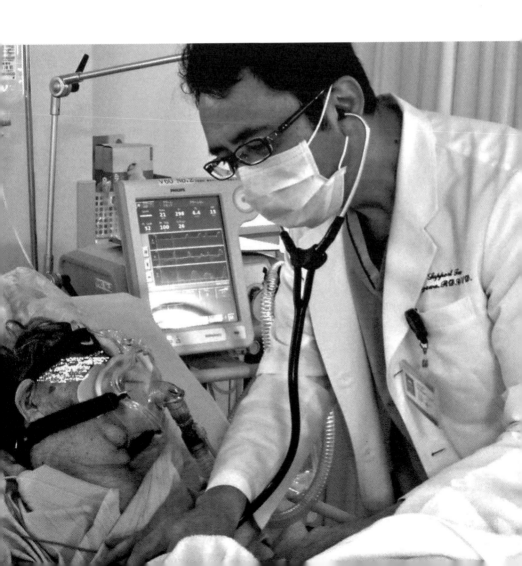

3. 独立行政法人国際協力機構 (JICA) 人間開発部
　　国際協力専門員　野村 真利香氏

国際栄養の専門家を育てる先生

太田：野村さん！　先日もグアテマラのお仕事で相談にのっていただき、あ
　　　りがとうございました。今日もお世話になります。よろしくお願いい
　　　たします。

野村：はい、グアテマラにお帰りなさいですね！　よろしくお願いします。

太田：世界中を巡りながら、実践現場から研究領域まで、そして政策提言な
　　　どもされている野村さんですが、国内で言うと JICA の専門家育成研
　　　修での講師を務められるなど、いわば日本の栄養専門家をど真ん中で

育てていらっしゃるお方だと認識しております。

野村：なるほど、ずいぶん忙しそうなイメージですね、でも大方そのとおりです（笑）。いまは国際協力専門員といって、独立行政法人国際協力機構（以下「JICA」）が実施する栄養関連協力のアドバイザーをしています。JICA の栄養協力の方向性の検討や他の援助機関との連携、国際会議や論文での発信や、JICA が実施する各種事業の計画策定・実施・評価までの各段階で政策面・制度面・技術面などから相手国・国内関係者へ指導、助言などを行っています。アジア、大洋州、中米、アフリカなど世界中を対象に仕事をしています。日本の栄養協力を幅も厚みも充実したものにするために、人材育成も国際協力専門員の重要な業務の1つです。

太田：ほら、やっぱりめちゃくちゃ忙しそうじゃないですか（笑）。でも、本当に重要な業務を担ってくださりありがとうございます！
　　　さて、JICA 国際協力専門員としてご多忙の野村さんですが、国際協力専門員にはどんな方がいらして、どんなキャリアをお持ちなのか、可能な範囲で教えていただけますか。

国際協力専門員は若手もシニアも！

野村：JICA 国際協力専門員というと国際協力のベテランの方が多いのですが、私は相対的若手です。国際栄養を志したのは大学院生の頃なので20年ほど前になりますが、当時は分野として確立していませんでした。「国際保健で栄養？　大事だけどねぇ？」という感じでした。もともと大学で栄養学を学びましたが、公衆衛生学が大好きで博士の学位取得後にそのまま同じ教室で公衆衛生学の教員になって医学部で働きました。
　　　これは本当にご縁だったのですが、UNICEF イエメン事務所でインターンをしていた時にお会いした力丸徹前国際協力専門員が私のことを思い出してくださり、イエメンの JICA 栄養プロジェクトで長期専門家として従事することになりました。この間、力丸先生に国際栄養に携わるうえでの基本的な知識や姿勢、政府との仕事方法、プロフェッ

ショナルのまなざしを、みっちり勉強させていただくことができました。

太田：おー、私は力丸先生が現役国際協力専門員時代の 10 年くらい前に、中米で JICA 協力隊栄養士の活動について意見交換をさせて頂いたことがあります。その後力丸先生がご定年にて JICA を退職された後も、私が担当していたアジアの栄養改善案件へ視察指導にきていただいたことがありました。力丸先生のように、JICA 国際協力専門員を退かれた後も、国際栄養分野で活躍されるべく世界のニーズがあるということなのでしょうね。

国際協力専門員のキャリア形成

太田：野村さんがイエメンの長期専門家時代に残された成果物を拝読したことがあるのですが、プロフェッショナル感があふれ出た、抜かりない品々でしたね。イエメンの JICA 栄養プロジェクトの長期専門家としてご活躍の後は、どのような道へ進まれたのでしょう。

野村：その後、研究留学の機会をいただきハーバード公衆衛生大学院で保健政策を学び、それを栄養政策の論文にまとめました。帰国後に厚生労働省の研究・研修機関である国立保健医療科学院で主任研究官として、途上国の非感染性疾患（NCDs）について研究や研修に携わった後、JICA に移りました。

太田：栄養政策や NCDs をテーマに研究というところもしかり、先駆者ですよね。ちなみに私の勝手なイメージでいうと、JICA 国際協力専門員のみなさんは国際協力の現場で実践経験を長く積まれた方が多い印象を持っていますが、いかがでしょう。

野村：実は、私のキャリアの多くは大学や研究機関の所属で、いまでも日本国政府による研究資金制度に応募することができる研究者番号を維持して、政策研究を続けています。異なるステークホルダーとの対話をどうしたらいいのか糸口をつかみたいと思い、前職のときに働きながらビジネス管理学修士（MBA）を取得しました。

20 年 30 年と長い国際協力の現場経験をお持ちの JICA 国際協力専門

員が多いなか、私は珍しいタイプかもしれません。

JICA を通して参画できる栄養改善活動とは

太田：JICA で一般的に最も認知されているプログラムとしては、市民参加型協力事業とも言われている海外協力隊があると思うのですが、実は海外協力隊以外のプログラムでも開発途上国の栄養改善活動を行っていますよね。国際栄養分野に従事したい方からたくさんご質問をいただくのですが、そのあたりをご存じない方がまだまだ多い印象があります。今日はぜひ JICA のプログラムについても教えていただけますでしょうか。

野村：はい、JICA にはさまざまな協力メニューがあります。日本政府が策定する開発協力政策のもと、相手国政府との対話と要請を踏まえて、効果的・効率的で相手国に寄り添った協力を実施しています。太田さんのおっしゃった JICA ボランティア派遣事業 "JICA 海外協力隊" では、国際協力のすそ野を広げるために海外にボランティア人材を派遣しています。

太田：他に一般の方が参加できるプログラムには、どんなものがありますか。

野村：同じ市民参加協力として NGO、地方自治体、大学などの国際協力活動を支援する "草の根技術協力事業" や、日本の民間企業による優れた技術・製品の導入や、事業への参入などの側面支援する "民間連携事業" もあります。日本の食品企業との連携事例もありますよ。

太田：ちなみに私は現在技術プロジェクトの案件でお世話になっていますが在外事務所の方や、野村さんのような国際協力専門員をはじめ JICA 本部の方々にも相談をさせていただけるという、大変有難い環境下で励ませていただいています！

野村：技術協力という事業形態の 1 つである "技術協力プロジェクト" では、専門家の派遣、必要な機材の供与などが支援の内容になります。
同じく技術協力の枠組みの中には "課題別研修" というのがあり、人材の日本での研修などを通じて人材育成、技術普及、制度構築などを行っています。

太田：栄養分野でも技術協力プロジェクトが少しずつ増えてきていますね。課題別研修は、本邦研修とも呼ばれているプログラムですね。課題別研修について、もう少し詳しく教えていただけますか。

野村：課題別研修は、JICA の国内機関を拠点に参加者を日本に招いて実施します。研修は全国の公的機関、地方自治体、民間企業、NGO 等さまざまな団体の協力を得て実施しています。栄養関連分野でも「母子栄養改善」や「マルチセクターを通じた栄養改善」「生活習慣病予防対策」などがあります。海外に行くだけが国際協力・技術協力ではないんですよ。

太田：日本でもできる国際的な技術協力ということですね、その " 課題別研修 " では、実際どんなものを日本にきて見たり考えたりされているのでしょうか。

野村：日本にきていただき、日本がどのように栄養問題に取り組んできたか、どのように取り組んでいるか、何に課題を感じているか、その困難・失敗までも見ていただき、それぞれの国の経験や抱える課題を共有してもらいながら国境を越えて議論します。

日本の事例を通して、そして日本の経験をレバレッジにして、自分の国の栄養改善の在り方を、今の時代のコンテクストに沿って考えていただくお手伝いです。

太田：素晴らしい各 JICA のプログラムだと思うのですが、今後の展望やそれに向けた際の課題などはあるのでしょうか。

野村：とてもインパクトの大きい事業だと思っています。このように今後もいろいろなスキームで栄養協力を展開していきたいと考えていますが、まだまだ栄養の専門家が足りないのが現状です。やはり人材育成が喫緊の課題と考えています。

国際協力で働くための共通のコンピテンシーとは

太田：この機会に、ぜひ野村さんに聞いてみたいことがあるのですか、いいですか。

野村：はいどうぞ！

太田：さきほど栄養の専門家の人材育成という話題が出ましたが、国際栄養士連盟 (以下「ICDA」) によれば、栄養専門職教育における国際基準として、①栄養学・学士号を取得、②最低 500 時間以上の専門的な実践期間、③国際的コンピテンシー基準を満たす、と書かれています（20 ページ参照）。ちなみに、鈴木先生は「教育の質の担保、国際的能力基準に合致していること」と略されていた部分なのですが、ここで③の読解というか、解釈が難しいなと感じています。野村さんが考えられる国際栄養に関わるうえでの「コンピテンシー」とは、どんなものがあると思いますか。

野村：栄養専門職（日本では栄養士・管理栄養士に該当する）教育で重視するコンピテンシーについてはこの文献に書かれているとおりですね。そのうえで国際協力で働く栄養専門職という観点からどんなコンピテンシーが必要かということですが、難しいですね。栄養分野に関わらわらず、国際協力の世界で働くうえで重要なのはやっぱり「協調性」だと思います。

太田：言わんとすることがよくわかる気がするのですが、野村さんが考えられる協調性について、もう少し詳しく伺えますか。

野村：協調性とは相手に合わせることではありません。国際協力の現場はいろいろなバックグラウンドの人とチームで働くことになるので、年齢、性別、国籍や、それぞれの専門などの立場を超えて協働できる力、のことです。たとえば（そんな人いないと思いますが…）海外で「私は日本の栄養士です。日本ではこうしているんです」と言っても誰も意見を聞いてくれないですよね。相手や周りをよく見て観察し相手の事情を知ろうとすること、チームの中で自分に求められていることを理解すること、そうした異なる文化・価値観を認識したうえで自分の強みを発揮して、失敗しても状況を改善する取り組みをし続ける力、が大事なのだと思います。難しいですね…。

太田：耳も胸も痛いです（笑）。協調性の大切さは肝に銘じていたとしても、共創実践という点でも挑戦と失敗の連続ばかり、難しいですよね。私自身も胸に刻み今後も励みたいと存じます。

新しい栄養課題を先駆けて経験しているのが日本の栄養士・管理栄養士

太田：では次の質問です。国籍を問わず、世界中で活躍する国際栄養の専門家とともにお仕事をされている野村さんから見て、今後、日本の栄養士・管理栄養士がどのような役割を果たすことを期待されますか。

野村：日本では、妊婦健診、乳幼児健診、学校給食、健康診断等のサービス、そしてメディアを通じて、そしておいしくて健康的な食品がスーパーに並んでいるなど、ライフステージや生活のあらゆる場面で栄養改善が行われています。

　　　こうした施策や政策を一貫して進めてきたことで、日本は戦後の低栄養を克服し、乳児死亡率の低下など子どもの健康改善を実現し、世界有数の長寿国となったと言えます。日本でこの下支えの役割の一端を担ってきたのが、栄養士・管理栄養士ですね。

太田：はい。おっしゃるとおりかと思います。

野村：他方で、高齢者のやせ・フレイル、子どもの貧困、低出生体重児の増加、食品ロス、中年男性の肥満、若年女性のやせなど、日本は、新しい食・栄養問題を抱えています。世界の中では、こういった新しい栄養課題を先駆けて経験しているので、高齢化地域の食料調達の問題、高齢者向けおいしく手軽で栄養のある食品の開発や、高齢者や慢性疾患患者の栄養管理など、今みなさんがまさに従事している業務そのものが、近い将来、海外のみなさんに必要とされる経験になるはずです。

　　　みなさんが日本国内で培った経験で、世界の食・栄養問題解決に向けてお手伝いできることがたくさんあると思います。

マルチセクターで取り組むことの重要性

太田：その手段の１つとして、JICA の海外協力隊参加というのも挙げられるわけですね。海外協力隊を通して、日本の栄養改善の経験を世界へ伝えるミッション！　とても尊いです。

野村：はい、JICA 海外協力隊にぜひチャレンジしてみてください。

　　　食や栄養の問題を抱えている世界の多くの国や地域で、JICA 海外協力隊が活躍しています。職種は有資格の方が対象の栄養士のほか、栄

養士・管理栄養士ではない方でも、公衆衛生、家政、学校保健、料理、感染症・エイズ対策、コミュニティー開発などの職種で栄養関連分野の活動が募集されているので、幅広いバックグラウンドの方にぜひ応募いただきたいです。

太田：そして、野村先生はよくマルチセクトラルなアプローチの必要性を語られておられますよね、詳しくお話伺えますか。

野村：食・栄養の問題は、SDGs すべてに関わっており、健康や飢餓のみでなく、貧困、教育、ジェンダー、水衛生、労働、環境、経済、格差、都市開発などの目標に関係します。したがって、「複数の分野（セクター）」を横断して取り組む必要があり、これを「マルチセクター」で取り組む、と言います。

太田：本書の読者がよりイメージを持って理解できるように、なにか具体的な事例なども交えて説明いただくことは可能ですか。

野村：はい。たとえば、モザンビークでは 5 歳未満児の 43% が慢性的な低栄養状態（2019 年当時）であるため、新しく始める JICA の保健協力の取り組みにあたり、何が原因なのか世帯調査を行いました。わかったことは、調査対象地域で慢性的な低栄養に対応するためには「離乳食を始めるタイミング」がキーとなるという結果が得られました。

太田：日本では、5 ～ 6 か月齢から離乳を始めるよう推奨されていますが、世界的にも珍しいですよね。日本は衛生的な水へのアクセス含め、衛生環境のよさが理由の 1 つかなと。

野村：モザンビークでは、WHO のガイドラインに沿って、最初の 6 か月間は母乳で、そして 6 ～ 8 か月齢時に半固形・固形食を少しずつ初めて栄養を補いましょうと指導しています。しかし、調査の結果でこの地域の母親たちが離乳食を始めるタイミングが早すぎたり遅すぎたりしたことがわかりました。タイミングが早すぎると児は食べ物を消化できずに下痢してしまいますし、遅すぎると母乳だけだとどうしても栄養が足りなくなります。このために多くの低中所得国では、母乳から離乳食への移行期に児が低栄養に陥ることが多いのです。

太田：そういった状況に対し、マルチセクトラルな解決策が必要になってく

るということですね！！

野村：そのとおりです。母親たちに適切なタイミングで離乳食を始めてもら
　　　うためには、保健医療従事者から予防接種の機会を通じて離乳食に関
　　　する適切なタイミングとその重要性について知ってもらう必要があり
　　　ます。ただしそれだけでは十分ではありません。

　　　離乳食に適したビタミンたっぷりの作物を地域で育てたり、下痢を防
　　　ぐための清潔で十分な水・衛生環境の確保も同時に取り組まないと、
　　　いくら行動変容を促しても実践できない状況のままです。

　　　実践を可能にするような環境づくりを、さまざまな分野との協働、つ
　　　まりマルチセクターで取り組むことが必要だということなのです。調
　　　査チームで論文にまとめていますので、ぜひアクセスして読んでみて
　　　ください（下記に情報記載）。

Aiga H, Nomura M, Langa JPM, et al. Spectrum of
nutrition-specific and nutrition-sensitive determinants
of child undernutrition: a multisectoral cross-sectional
study in rural MozambiqueBMJ Nutrition, Prevention &
Health 2020;3:doi: 10.1136/bmjnph-2020-000182

栄養はみんなで取り組む問題

太田：野村さん、話は尽きないのですがそろそろ時間とのことで、またきっ
　　　とどこかで番外トークをさせてください（笑）。最後に、これから国
　　　際協力・国際栄養の分野で活躍したいと考えられているみなさんへ向
　　　けて、メッセージをお願いいたします。

野村：いろいろお話ししてきましたが、結局、栄養はみんなで取り組む問題
　　　だということです。栄養は長いこと国際アジェンダとしては見過ごさ
　　　れてきました。課題として認識されるようになったのは、本当にここ
　　　10年のことなので、古くて新しい分野だと言えるでしょう。世界の

食・栄養問題の解決に取り組んでいる人々も、切り口も、実にさまざま。栄養学を学んだ人だけでなく、政治学、経済学、教育学、看護学、医学、獣医学、法学など、多様な専門性のステークホルダーがともに、いかにみんなで協働して食・栄養課題の解決に取り組めるのか、世界は今、まさにそのチャレンジの真っ最中です。ぜひ一緒に取り組みましょう。

太田：はい、私も一緒に取り組みます！　ありがとうございました。引き続きよろしくお願いします。

4. 国連世界食糧計画 (WFP) ラオス事務所　田才諒哉氏

財団職員としてアフリカで共創

太田：お久しぶりです、田才さん。私とは 2022 年に西アフリカ・マリ共和
　　　国（以下 「マリ」）での栄養改善案件でご一緒させていただいた以来
　　　かなと思うのですが、お元気ですか。その後もたくさんの国へ渡られ
　　　ているようで、大活躍ですね！

田才：旭さん、お久しぶりです。マリの栄養改善案件では大変お世話になり
　　　ました。私たちがマリに渡航して途中から治安悪化の影響で日本人の
　　　渡航制限がかかってしまったことはとても残念ですが、前職のササカ

ワ・アフリカ財団のマリ事務所のスタッフたちが案件を進めてくれて
いると聞いて、嬉しく思っています。

太田：本当に、すごいタイミングで我々渡航禁止になっちゃったもんね。
せっかくなので本書を手にしてくださったみなさんがどんな仕事だっ
たのかもわかるように、マリ案件についての詳細を教えていただくこ
とは可能ですか。確か案件形成から担当されてたよね。

田才：マリのプロジェクトは案件形成から関わらせていただきました。
①自家消費のための栄養価の高い作物や生物学的栄養強化作物 (bio-
fortified crop) の栽培指導という、従来の農業を通じた栄養改善アプ
ローチに加え、②葉物野菜や豆類などの市場で高く売れる作物を売っ
たお金で、肉や魚などの栄養価の高い作物を購入するという、生計向
上とマーケットを意識した栄養改善アプローチのミックスが新しい視
点であったと思っています。慣れないフランス語圏でのプロジェクト
だったので、一筋縄ではいかないこともたくさんありましたが、太田
専門家の大車輪の活躍のお陰で（！）無事に新規案件形成、資金獲得
につなげていくことができました。

太田：恐縮ですよ（笑）。私の役割としては、現地スタッフのみなさんとミッ
ション・ビジョンの策定をして、ワークショップをしながら栄養教育
部分の中長期事業計画書の開発をしていくという目的があったと思う
んだけど、最初は「農業寄りの組織で長年の実績経験がたくさんある
はずなのに、栄養教育コンポーネントを企画導入する際に、栄養教育
の先駆実践者である保健省の教育内容に引っ張られ過ぎ！　もったい
ない!!」と思ってましたね。だから、現地スタッフのみなさんと一緒に、
農業セクターならではの強みや特技は何か、そしてそれが活かされた
栄養教育内容はどんなものか、をめちゃくちゃ議論した記憶がありま
す。また情勢が落ち着いたら訪れてみたいです。陰ながらマリへエー
ルを送っております。

国連職員としてアジアで栄養改善業務に従事

太田：さてそして、田才さんが今はどこで何をしてらっしゃるのか、教えて

いただけますか。

田才：今は、世界最大の人道支援機関である国連世界食糧計画 (World Food Programme: WFP) で働いています。東南アジア・ラオス人民民主共和国（以下「ラオス」）にて、複数の栄養改善案件をマネジメントしています。農業を通じた栄養改善や、現金給付による栄養不良予防、社会行動変容（Social and Behavior Change: SBC）アプローチを通じた栄養に対する意識変革、スクリーニングによる急性栄養不良マネジメントなどプロジェクトは多岐にわたります。

太田：相変わらずカオスでナイスな動きをしてらっしゃると容易に想像できますが、マクロ的な部分でのゴールというか、最終的なアクションポイントはどんなものになるのでしょう。

田才：多岐にわたりながらプロジェクトのマネジメントを行うだけでなく、ラオス政府に対して栄養に関する政策づくりのアドバイザリー業務を行ったりもしています。

太田：まさに、現場でマネジメントしている人材だからこそ、できるアドバイスもあるのでしょうね。

元 JICA 海外協力隊員、その後も国際栄養業界で活躍

太田：いつも斜め上を行くご活躍、世界平和のために本当にありがとうございます（笑）。南米、アフリカ、アジアにて、たくさんの栄養改善案件を通して貢献されている田才さんですが、国際協力分野の始まりは、JICA の海外協力隊でしたよね。

田才：はい。2014 年に、JICA 海外協力隊の短期ボランティアとしてザンビア共和国（以下「ザンビア」）に派遣されたのが始まりです。職種は「家政・生活改善」だったのですが、ザンビア南部の郡役所に配属され、コミュニティー開発の仕事に携わりました。

太田：ご存じのとおり私も 10 年前に JICA の海外協力隊として国際栄養業界に足を踏み込んだ人間なのですが、たくさんの若者から「海外協力隊後の国際協力のキャリアはどう形成したらいいんですか？」的な質問をたくさんいただいてきました。私の中で田才さんは、海外協力隊

卒業後も国際協力業界で大活躍されている、多くの若者憧れのロール
　　　モデルだと思っています。しかも、国際栄養分野！　とても稀有!!

田才：協力隊後のキャリア形成は難しいですよね。必ずしも僕だけの力では
　　　なく、たくさんのご縁や運も重なって今のキャリアにつながっている
　　　というのが本音なのですが、今日は少しでも国際協力、国際栄養の仕
　　　事に関わりたい人のためになるお話ができたら嬉しいです！

太田：ぜひぜひ、よろしくお願いいたします。

国際栄養の仕事は誰でも関わることができる

太田：こんなに大活躍されている田才さんですが、特に学校で栄養を学んだ
　　　り、栄養士・管理栄養士の資格を持っているわけではないんですよね。

田才：はい。国際栄養の仕事をしていると、「栄養士なんですか？」と聞か
　　　れることも多いのですが、僕自身は栄養士ではありません。大学は教
　　　育学部で学んで、大学院も開発学の修士号を取りました。もちろん、
　　　栄養士として国際栄養の分野で活躍されている方もいますが、僕の周
　　　りを見渡しても、栄養士の資格はなくても国際栄養の仕事に関わって
　　　いる人はたくさんいます。

太田：うんうん、私今日は声を大にして世に伝えたいことがあるんですよ。
　　　「国際栄養分野で貢献されている方々の多くは、栄養士・管理栄養士
　　　の資格を持たない人がたくさんいる」ということを。もちろん、法律
　　　で定められた機関で働くときとか、ニーズによっては有資格者が適任
　　　の場合もあるけれど、日本の国際栄養分野で働きたい方々は、栄養士
　　　の資格が必須条件だと勘違いされている方が多い気がして…。

田才：本当にそのとおりですね。僕も今日伝えたいメッセージの1つは「国
　　　際栄養の仕事は誰でも関わることができる」ということです。

太田：ぜひ伝えてください。本書を手にしているみなさんの可能性と才能が、
　　　国際栄養分野でとても貢献できるのだということを、田才さんは実体
　　　験を持って発信できる方だと思っています。

国際栄養分野で働く理由

田才：先のとおり、僕は学校で栄養学を学んだことはありません。大学卒業
　　　後、民間企業で勤務していたのですが、NGOに転職し、その際にスー
　　　ダン共和国（以下「スーダン」）でたまたま緊急栄養支援のプロジェ
　　　クトに関わったことが国際栄養の道に進むきっかけでした。

太田：その後保健分野の活動まで領域を広げられた、認定NPO法人ロシナ
　　　ンテスさんですね！　存じ上げております。当時どんな業務を担って、
　　　どのように遂行してらっしゃったのですか。

田才：スーダンでは、消耗症を中心とした栄養不良の子どもが多い地域で、
　　　スクリーニングや栄養補助食の配布を行いました。このプロジェクト
　　　に関わるまでは栄養の知識はまったくと言っていいほどありませんで
　　　したが、職場の同僚やパートナー機関の方々に教わりながら、耳学問
　　　で知識を身につけていった感じです。この時に気づいたのですが、栄
　　　養プロジェクトといっても、必要とされるスキルの多くは「栄養以外」
　　　のところにあったりします。

太田：と言いますと？

田才：たとえば、プロジェクトが適切に行われているか管理をする「プロジェ
　　　クトマネジメント能力」であったり、ドナーやパートナー機関と問題
　　　解決のためのディスカッションをリードする「コミュニケーション力」
　　　や「交渉術」、目まぐるしく変化する現場の状況に臨機応変に対応す
　　　る「柔軟性」など、いわゆるソフトスキルと呼ばれるものが必要とさ
　　　れるシーンがたくさんあります。

太田：私自身、栄養士であってもまさにそんな能力が欠けていたので全力で
　　　補いながら訓練しながらサバイブしてきた感が否めません。この話の
　　　詳細は別章で書こうと思っているので、ちょっと一旦置いておきます
　　　が、本当に共感しかないです。

田才：これらのスキルに加え、栄養に関する知識や経験があることが国際栄
　　　養の分野で働くために必要だと思いますが、この機会にせっかくなの
　　　であえて強調するならば、この「栄養に関する知識や経験」は後から
　　　でもついてきます。

116

太田：うん。現地で一緒に働いている他の医療従事者と違って、栄養専門家の業務に特殊な経験訓練が必要な医療行為があるわけじゃないし、その点栄養に関する知識や経験は後天的な習得がしやすいとも言えるかな、と私も思いますね。

田才：プロジェクトマネジメント能力や交渉術などの先に挙げたスキルは、民間企業など国際協力の仕事から離れていても身につけることが可能なものです。つまり、国際栄養の仕事は、誰にも門戸が開かれたものだと僕は考えています。

太田：そして、だからあなたがこの国際栄養の分野で大活躍されているっていうわけですね。

栄養士の資格を持たない栄養改善専門家の役割

太田：私自身、日々生活をしていると、「日本と海外」というわかりやすい異文化だけじゃなくて、国内であっても臨床機関と企業、研究機関と企業、学校と企業、同じ企業同士であったとしても、組織のカルチャーが違うというのがあると思っています。多様性の時代！　なんて言われていますし、今後はもっとカオスになるのかなと（笑）。
そしてそんな時代にとっても求められるだろうなという、私のイメージする人物像が、田才さんそのものなんですよ！

田才：僕自身がカオスの塊みたいですからね（笑）。　でも、多様性の時代、表現を変えると「カオスな時代」により必要とされてくるのはセクターや分野の垣根をしなやかに横断できる人材だと思います。特に国際栄養の仕事はマルチセクターで取り組むことが多く、保健、農業、水衛生などの分野に加え、実務家、研究者、政策決定者などさまざまな立場の人と働くことになります。１つの分野に深い専門性を持つ人ももちろん必要ですが、マルチセクター・アプローチにおいては、全体を俯瞰してみることができ、それぞれの立場の強みや特徴を理解できる人材の存在が重要になります。僕はこれといった強い専門性を持っているわけではないのですが、保健、農業、水衛生それぞれのプロジェクトに携わったことがありますし、国連職員、ＮＧＯ、民間企業などで

働いた経験から、それぞれのセクターがどのような強み・弱みがある
か理解できています。分野やセクターを超え、たくさんのカオスな経
験をすることは、これからの時代にとって必要不可欠なのかもしれま
せん。

太田：これって経営者仲間とも、ベンチャー仲間とも共感を得られることが
多いんだけど、2つ以上の異なる文化をしっかり捉えることができて、
それぞれの特徴・機能を見極めて、協働共創できるようにコーディネー
ターのような役割を担いながら、ときに通訳的な働きもしていかれる
人。ね、まさに田才さんじゃないですか？

田才：そうですね。僕はこれまで協働共創のコーディネーター的な役割をす
ることが多かったと思います。現職の国連 WFP では民間企業との連
携案件を新規で立ち上げたり、前職のササカワ・アフリカ財団では、
アフリカ開発銀行、民間企業、NGO の三者による新規案件形成をし
たりしてきました。

協働共創のコーディネーターの仕事の向き合い方

太田：協働共創の難しさや、課題のようなものって感じたりされますか。

田才：セクター間の連携の際、どうしてもお互いの理想とする部分が噛み合
わなかったりしますが、そうした際に全員が "win" となるようなポ
イントを見つけ提案したり、セクター間の「共通言語」をつくってファ
シリテートするような役割を担ってきました。カオスの中からきらり
と光る妙案を見い出したり、時にはカオスをカオスのまま進めてみた
りすることも、協働共創のコーディネーターには必要だと思います。
今はまだ複数のセクターを横断して経験してきた人材は多くはないと
思いますが、今後はそうした人材が少しずつ増え、マルチセクターに
よる連携もより円滑に進んでいくのではないかと期待しています。

太田：正解はないというか、答えは1つじゃない世界ですものね。そんなな
か、コーディネーターとしての適性・素地を有するのみならず、栄養
学に関しても学んでいかれた田才さんだからこそ、大活躍の今がある
のだろうなと感じました。

田才：セクターや分野の垣根をしなやかに横断できること、それから前述の
　　　ソフトスキルを備えることに加え、栄養学に関する知識・経験を身に
　　　つけていくことで、国際栄養分野で活躍できる人材になっていくと思
　　　います。

太田：栄養の専門家としてプロフェッショナルな働きをされている田才さん
　　　ですが、これまで栄養学に関する知識・経験を身につけていくために、
　　　こんなことを実践してみた！　ということはありますか。

田才：コーディネーターとして動き回っていると、その分野の第一人者であ
　　　る研究者の方とお仕事をする機会もあり、そうした方々との会話を重
　　　ねていくことで、まさに耳学問で知識が増えていったと思いますし、
　　　まだまだ勉強の途中でもあります。「門前の小僧習わぬ経を読む」と
　　　はまさにそのとおりで、国際栄養の知識がなくとも、栄養学のお寺の
　　　前でいつも見聞きしていれば、気づかぬうちに知識が身についている
　　　ものです。

太田：すごい比喩が出てきましたけど、なるほどと思っちゃいました。

田才：だから、僕が国際栄養の仕事を志したい人に一番オススメしたいこと
　　　は、「まずはお寺に飛び込め」ということ。飛び込んでみると、どん
　　　どん次に目指すべき道が広がっていきますし、道案内をしてくれる師
　　　匠や仲間に出会う確率も上がっていきます。

太田：栄養学の知識や経験がなかったとしても、覚悟さえあれば飛び込めま
　　　すものね！　まずは飛び込んでみるということの大切さを改めて感じ
　　　ました。ありがとうございました。

国際協力の仕事は、協働や共創が重要な仕事

太田：あっという間ですが、そろそろ時間ですね。最後になりますが、これ
　　　から国際協力・国際栄養の分野で活躍したいと考えられているみなさ
　　　んへ向けて、田才さんから何かメッセージをお願いいたします。

田才：僕が一番伝えたかったことは、栄養士でなくても、栄養学のバックグ
　　　ラウンドがなかったとしても、僕のように国際栄養を仕事にしていく
　　　ことはできるということです。国際栄養の仕事というと、「栄養価の

計算をしているの?」といったように、すごく専門的なことをしているように思われがちなのですが、実はそんなこともありません。実際の現場では、もっともっと泥臭い地道な作業をしています。文字の読めない人たちのためにイラストをつくってみたり、身体計測の結果をしっかり記録する方法を教えたり、村の市場を歩き回って野菜の価格を調査したり。どれも立派な国際栄養の仕事であり、こうした地味な仕事をコツコツこなしていくことが、結果的に目指すべき栄養改善につながっていくのです。絵を描くことが得意な人、計算が得意な人、街を歩き回って情報をきき出すことが得意な人、みなさんきっと国際栄養の仕事に貢献することができます。

　国際協力の仕事は、協働や共創が重要な仕事です。そのなかでも、国際栄養は特にマルチセクター・アプローチが求められる仕事であり、いろんなバックグラウンドを持った人たちの関わりが欠かせません。本書を読み、自分でも国際栄養の分野に貢献できると感じていただければ幸いですし、将来世界のどこかで一緒に働けることを楽しみにしています!

太田：田才さん、今日は素敵なメッセージとインタビューをありがとうございました。将来世界のどこかでまた私ともご一緒できますように!楽しみにしています!!

第6章　日本の50年後を考える

1. 私たちを取り巻く未来は

食の選択・確保に注力を注ぐ

　最後の章になりました。紆余曲折する本書を最後の章まで読み進めていただきましたみなさま、本当にありがとうございます。この第6章は少しテイストを変え、私たちのこれからの未来について考え綴ってみたいと思います。よかったら一緒に想いを巡らせながら想像してみてください。

　まず最初に、私たちを取り巻く社会が50年後どうなっているのか想像をしてみます。50年後、私たちの住む世界では、世界中で食べ物に興味を持つ人が圧倒的に増えていると思います。興味を持たざるを得ない状況になるのではないかと予想するのです。

いま「人口が爆発する」「自然災害で増える」「海鮮・農作物が減る」など、ネガティブな状況を予測している組織は、企業レベルでも個人レベルでもいろいろな形で行動を起こし、少しでもポジティブに移行できるようそれぞれのペースとスタンスで社会に影響を与えていると思います。

　しかしリアルな近未来の大きな変化として、どんなに対策を練って求められる農作物をつくっても「足りない、需要と供給とが合わない」ということが起こり、まずは量も含めて、「どう食料を選択・確保していくのか？」ということが大きな課題になってしまうのではないかと想像します。

　一方で、食料自体は確保しにくくなっていても、食の情報に関しては世界中のどこでも手に入りやすい状況になりつつあるので、栄養教育も今後30年経てばさらに浸透していっていると思います。

　人々の、「体に入れるものを自分で選ぶ力」は徐々に身についていくことでしょう。

世界の開発目標

　ミレニアム開発目標時代（2001年〜2015年）は、食改善の類の目標において、低体重や飢餓で死亡する人々の削減が優先されていたため、飢餓の撲滅のもとエネルギー源主体の食事指導や支援が主流になっていました。

　現在も、開発途上国といわれる国では、ミレニアム開発目標時代の指導方針の名残りの影響や、その状況下により、まずは生命の担保をとエネルギー確保を目的とした炭水化物や油の摂取が非常に多い国々が存在します。かつての日本も、戦後当初は同じようにエネルギー確保に考慮した食改善戦略を立てていた時代がありました。

　これからの将来は、この状況が改善されていくと「生命の担保」から「健康な生活」を求めるフェーズに移り、微量栄養素や栄養のバランスといった「食の質」に意識が向かい始め、他の食材などの摂取に意識が向くようになるのではないかと考えます。

　それは、ミレニアム開発目標にて飢餓の撲滅が進んだのち、持続可能な開発目標（2015年〜2030年）に"栄養"の文字が加わり、飢餓のみならぬさらに幅広く栄養不良の改善を目指す目標が立てられたように、求められる

食材が多様化したり集中したりしていくのです。

　では、2030年以降の開発目標はどうなるのかを想像してみましょう。やはり、飢えにより亡くなる人を優先させざるを得ない地域や国はまだまだあると思います。そして50年後には、食や栄養の知識が得られることで富裕層と貧しい層との求める食材が一致し、その食材が不足したときに、需要と供給のバランスが過去にないほど大きく崩れるという局面に達するのではと懸念しています。

　2030年以降の開発目標においても、繰り返しになりますが食材の生産や確保・流通などのプロセスに関する目標がさらなる優先事項として取り扱われ、栄養改善を働きかけるターゲットとしては、しばらくは飢餓や慢性栄養不良とともに生活習慣病などが挙げられると思うのですが、50年後と考えると気候変動の影響を受け、絶滅や新たな交配などにより大きく変化した生態系のなか、食料そのものを生物学的かつ栄養学的に見直しをかけるべく研究が活発になっていると思います。食事の内容を含め摂取量や回数なんかも、科学的な証明を伴いながら変化しているのではないかと想像します。

小規模農業にもテクノロジーが介入する

　過去10年の間に世界中でテクノロジーが発展し、すごい勢いでその波が全土に浸透していっているのを感じてきました。たとえば水道が通っておらず、電線はあるけれど電気が流れている時の方が少ない地域に住んでいる家庭であっても、10年前には通話とショートメール機能程度でありながらも携帯電話は持っていましたし、現在はスマートフォンを持つ一般家庭がどの国においても増えてきました。

　また違う国では、10年前は各種データ管理の際に帳簿に手書きでデータを入力していました。現在はというと、確かなセキュリティの中で、クラウドに収納された各種ツールにアクセスをして、スマートフォンでデータを入力するという方法に変化しています。

　地域に大きな格差がなく、どの国のどこにいてもSNSを楽しみ、銀行がなくてもその場でスマートフォンを使って送金をしたり、ジムへ通わなくて

も YouTube を見ながら運動療法を取り入れたり、遠方の友達とやりとりをするということが一般化されてきたこの 10 年。未来へ向け５０年間という期間があれば、さらに発展が遂げられると思います。

　ただ、富裕層といわれる人たちと貧困層といわれる人たちとで大きく二極化しており、開発途上国での富裕層の人たちは政治的な情勢変化がない限り変わらず豊かだと思うのですが、貧困層と呼ばれる人たちの未来は正直予測しにくい部分があります。開発途上国には、複雑な要素が多岐にわたり構造的に絡み合っていて、さらに複雑化してくる可能性があると思うからです。地球の未来を想像した時、現在貧困層と呼ばれている方々の多くが従事されている「小規模の漁業・農家・農牧家」の豊かな生活が担保されていることを切に期待をしています。

　現在は、農家の方々が代々続いてきたセオリーにのっとって農作物をつくっても、ここ数年収穫量が思うように確保できずに減っていて、自分たちが食べるものも少なくなってきているという現状を聞きます。そんなときはテクノロジーの力を借りるという選択肢を挙げたくなるのですが、私が出会ってきたアフリカやアジアや中南米で営む小規模農家の方々は、お金や取り扱える能力が十分ではないという理由で、新しい機械（テクノロジー）の導入ができない状況にあり、彼・彼女らの一族を巻き込んだ生活や生命までをも圧迫してきました。

　私は気候変動による海鮮物や農作物不足を危惧しています。ひいては安全な水の不足から農牧分野にまで影響を与えている未来になっているのではないかと懸念しているのですが、その点は各国の援助などでますます改良され、将来は個人の小規模の行業・農家・農牧家の方々にもテクノロジーがしっかりサポートできる未来だといいなと思っています。

異文化理解というスキルがさらに求められる

　異文化理解というの能力は、グローバリゼーションが進む現代社会で大変求めらているスキルです。
そしてこれは、単に外国の方との間にある価値観、信念、習慣、言語、思考回路、行動様式を理解し、それらに敬意を払おうとする能力ということではないと

思います。実は、いわゆる他人ではなくても、身近な自己以外の人間、つまり家族や友人との間でも求められるスキルなのではないかと思うのです。

　ビジネスや国際協力シーンのみならず、異文化の間に生じやすい誤解などを防ぎ、異なる文化や価値観を持つ人と円滑に対話をし、良好な関係を築くことがどのライフステージにおいてもロケーションや立場に左右されず、求められていると感じています。

　突然ではありますが、この異文化理解スキルを育むために私自身が心がけてきたことを紹介させていただくと、①異文化に興味を持ち積極的に知り学ぶこと、②オープンマインドであること、③多様性や自分と異なる考えや感覚を尊重（認知）すること、などがあるかと思います。

　そして、④想像力を最大限に発揮して相手の立場になって考えること。たとえば、事実とは異なる個人の解釈や感情などが混在する情報だったとしても、それらを含めあらゆる方法で得られた情報を勝手に排除せず、もれなく前提条件としたうえで想像すること。相手の心情を含め状況や環境とその事象の行方を可能な限りに一生懸命想像すること。ちなみに私はこれを「愛」と呼んでいます。

　また、創造力と同じくらい大切なことは「⑤執着しないこと」です。想像の終わりに描いた事柄・仮説やイメージが、現実や新しく得られた情報とズレていたり「想像と実際とではまったく違っていた」ということは大いにあります。その時に、ここで仮説に執着をしてしまうということは、無意識にも自分自身にバイアスをかけてしまっている状態であるともいえるのではないでしょうか。

　第２章でもお伝えしたとおり、国際協力者として常にバイアスがかかっていない状態（まっさらであること）は、心得としてとても重要です。だからこそ、想像した仮説などは執着せずにすっきりさっぱり潔く手放すスキルが求められてくるのです。

　では、どうやってそういった異文化理解スキルを育んでいけるのか。ここからは、異文化理解スキルの育みがより一層求められるこれからへ向けて、どのようにスキルを養っていけるのかという観点から、メッセージを送りたいと思います。

2. 異文化理解を育むススメ

ともに働く異文化理解

　本書のなかで表現を変えながら繰り返しお伝えしてきたメッセージの1つ
として、開発途上国における栄養改善へのマルチセクトラルな取り組みを拡
充すべきという声が、世界的に高まっているということは、感じ取ってはい
ただけましたでしょうか。

　日本には精密な研究器具があり、優秀な研究者もたくさんいます。また、
政府や企業の努力によって、各種栄養素に係る知識や技術、日本独自の予防
学や食育の仕組みの国際展開などが活発に行われるようになりました。

　そしてそれは、日本側からの一方的なものに留まらず、開発途上国側から
も日本のODAを利用したJICA専門家、JICA海外協力隊、外務省の国際支
援員などの要請が増加し、多くの日本人が世界各地で国際協力に従事しやす
い環境になってきています。

　これまで多くの日本人が、JICAや外務省の制度以外にも、NPOやNGO・
財団・大学・研究機関・各種団体の他、民間ではコンサルティング会社や、
企業の海外事業部門、CSR部門に所属する社員の方などが活躍されてきまし
た。それこそマルチセクトラルに貢献されています。

　国際協力・国際支援にベクトルを向けるべく業務に従事したいと考える方
は、JICAや国連などのサイトやメーリングリストに登録をすると、求人情
報を含む有益な各種イベント情報などを入手できるので、ぜひ就職先や進路
を検討される際に参考になさってください。

留学による異文化理解

　就職やワーキングホリデーなどを利用した長期渡航が難しい場合でも、国
内イベントや短期インターン、短期留学などによる国際交流は、比較的ハー
ドルが低く気軽に行えるようになったと思います。

　教育未来創造会議第二次提言（2023年4月27日by内閣官房）では、
日本は2033年までに日本人学生・生徒の海外留学者数を全体で50万人に

までに引き上げることを目指すと示されました。この提言を契機に国を挙げて各方面で留学しやすいサービスの創出や環境調整が加速するのではないかといわれています。

　実際に、私が以前語学留学の際にお世話になった日本最大級の留学サービス運営企業「㈱スクールウィズ」社からのご提供情報によると、2023年はコロナ初期と比較して海外へ留学を希望した人たちが45倍、その中から実際に留学をされた方は20倍に増えたそうです。ちなみに、海外留学者の属性としては20代の方々が最も多く50.8％、海外留学申込者の留学理由/目的として最も多く挙げられたのが、全体の21.6％を締める「異国の文化・生活を感じるため」という内容だったそうです。やはり、異文化理解能力の向上をみなさん求めてらっしゃいますね。

　そして、高校生や大学生などで留学資金の工面が課題という方はぜひ、2013年から文部科学省が留学促進を目的に実施している「トビタテ！　留学JAPAN」というプログラムをチェックしてみてください。

　2013年度から2022年度までに約9,500人の若者がこのプログラムによって海外留学をしています。最近では、より若い時期からの海外経験を将来の留学につなげるため、高校生向けの留学支援を拡充した「新・日本代表プログラム」により、この5年間で高校生等4,000人以上、大学生等1,000人以上を海外留学に送り出されているそうです。

　私の学生時代と比べると、今はSNSが普及したり国や企業を巻き込んだ留学支援スキームが拡大したりと、情報入手の面でも経済的な面でも海外留学のハードルはとても低くなっていると感じます。

近所で育む異文化理解

　日本の在留外国人数は2022年末現在、前年末比11.4％増加し、約307万（出入国在留管理局）で、過去最高を更新。初めて300万人を超えたそうです。

　また、最新の国勢調査（2020年総務省統計局）の結果を見ると、日本人の人口は減少している一方で、外国人の人口は増加しているという状況がわかります。

日本人の人口は 2010 年から引き続き減少するのみならず、減少率の拡大が続いています。そして、外国の方の人口増加が続いていますが、特に 2015 年から 2020 年の期間での増加率が 43.6% と非常に高い数値を示しました。

　これらの数字から、私たちはもうすでに海外へ行かなくても母国日本で、国際交流や異文化理解に努められる環境にあるといえるのではないでしょうか。国際協力、国際支援が必ずしも海外じゃないとできないわけではなく、今後は母国にいながらもできる国際協力の選択肢が広がっていくと思います。

もしかしたら、いまあなたが思い描かれているイメージのような、大袈裟なことではないかもしれません。

　お子さんの通われている学校やお教室の生徒さんが、パートナーの会社の同僚が、好きになった人が、最寄り駅でよく見かける方が、レジに並んでくれる若者が…、あらゆる場面で外国籍ルーツの方や、外国にて生まれ育った方たちと関わる機会がますます増える時代になるでしょう。

　つまりは、身近な国際交流・異文化理解が当たり前の日常になる時代がくるということです。

生きてるだけで異文化理解

　ちょっと話がずれるうえに、突然哲学的な話になりますが、終盤ですのでお付き合いください（笑）。

　私が新卒社会人時代、恩師である岡部健医師のもと在宅型ホスピスに従事していた頃、タナトロジー研究会という死生学について語り合う会に参加していました。それは、ホスピスという分野で人の命の最期をお看取りする人間として、目の前の患者さん同様生きることと死ぬことにきちんと向き合いたいと思ったからです。

　ある日恩師岡部が、人が病気で亡くなる時は、3 回ほど死ぬことがあると教えてくれました。

①**社会的な死**　　：社会において存在が受容されない・存在が
　　　　　　　　　　社会と分断され孤立している状態

②**自我の死**　　　：アイデンティティが崩壊し、心（精神）が
　　　　　　　　　　　死んでしまった状態
③**生物としての死**：心肺が停止し血液が循環されないなど、
　　　　　　　　　　　生物（人間）の肉体としての死
　　恩師岡部は私に対し、たとえ末期がんの患者さんに対して治療や食事など
のサポートが何もできず、そっと見守ることしかできなかったとしても、我々
チームメンバーが患者さんのお宅を訪れ、患者さんに声をかけ目を合わせる
だけで、患者さんの社会性が分断されずに維持できるのではないか、つまり
は患者さんの社会的な死の予防に貢献できていると思えばよいと、励まして
くれたことが思い出されます。
　　人間は社会性の生物だといわれていますから、もはや生きているだけで他
者と共存している状態、言葉を変えると、生きているだけで異文化理解が求
められ、「生きているだけで異文化理解スキルを育くんでいけるチャンスに
溢れている」ということだと解釈しています。

3. 50 年後に求められる人物像

食の多様性を理解し提案できる

　私たちは、自分以外の異文化を生きる " 他者 " の人生をサポートする仕事
をしています。
現代の栄養士の仕事として最も周知されている業務として、食品成分表を基
にした献立作成、血液検査など臨床データを基にした栄養指導などがあると
思うのですが、栄養「計算」やデータ分析という業務だけ見ていくと、50
年後はＡＩがその役割を担うのではないかと予想します。

　未来は世界中で食べ物に興味を持つ人が圧倒的に増えていて、これからま
すます各国から新しい食材が入ってくる、食べ物も人も国境を超えて行きき
し合い、アレルギーやヴィーガンといった思想、ハラールなどの宗教の理解
も深まるとともに、どこにいても格差のない対応が余儀なくされてくると思
います。

　現代でも「フードダイバーシティ」という言葉を耳にする機会が増え、美
容やスポーツ栄養などライフステージにおいても、こういう宗教だったらこ
う、アレルギーだったらこう、スポーツマンだったらこうと、食の多様化に
対応する栄養士が徐々に増えてきています。

　これからはさらに、そのカテゴリーやセグメントが細分化され、最終的に
は個人１人ひとりへのカスタマイズされた対応が求められてくるのではない
かと思います。栄養専門職として、栄養士や管理栄養士はこの対応が主たる
業務になってくるのではないでしょうか。

個人へのカスタマイズ対応が主の業務

　テクノロジーの力を借りて、個々の体質や性質の違いをもっと尊重され、
重んじられる未来があると思います。どのレベルまでというイメージがわく
ように、日本で身近なお酒にたとえて説明してみます。

　日本の大人のみなさんは、自分はお酒が強い・弱いと自覚されていらっしゃ
る方が大半だと思うのですが、さらに詳しく話を聞いてみると、ビールは好

きだし強いけど、日本酒を飲むと実はすぐに酔ってしまうなど、お酒の種類や加工方法によって、体質に合う・合わないなど、ご自身の身体で感じられるものがあると聞きます。

　お酒の場合は顕著に反応が出るのでわかりやすいと思うのですが、実は人間はお酒のみならず、魚でも果物でも野菜でも、それぞれ個人の体質に寄って受容や反応は違うはずなのに、まだ自分で認知し自覚できていない、という状況にあるのではないかと思っています。

　それを、遺伝子検査や血液検査や統計学などを組み合わせたテクノロジーによって分析しながらも、対象者の顔や声色や気を見ながら、本人の嗜好や気分や生き方を理解して、栄養士がアドバイスをしていくという時代になっていくと思います。

　私は栄養士ということで公私ともに「何を食べたらいいんですか?」という質問をたくさん投げかけられてきました。その都度思うことは、その人の状況によって提案内容は違いますから、答える難易度は高いということです。

　疾患や症状に対してという話でしたら、ある程度統計学的にも基本的な傾向からアドバイスができるかもしれません。そうではない場合はというと、大変難しいのです。

　たとえば脂で揚げて塩分多めのポテトチップスは不健康というイメージを持たれやすい食料ですが、その人が大のポテトチップス好きで、ポテトチップスを食べることでリラックスができ心身ともに健やかな気持ちになるとしたら、栄養士であってもポテトチップスを食することを安易に禁止し、食を通して幸せに生きようとする権限を奪うようなことはできないはずです。

　また、ポテトチップスの効果だって無視できません。夏だったら塩分が必要だとか、噛むことで頭が刺激されて元気になってくるなど、フードサイエンスにおいても食や栄養素の効果や可能性は、まだまだ解明されていないことが多く、簡単によい悪いといえるようなものではないと思うのです。

　インスタント食品もそうです。体に悪いから食べるな、なんていわれることがありますが、災害時や紛争地でインスタント食品には大変お世話になっていますし。時と場合によって、そして身体の状況によって食生活の指導というのは変わっていくものなのではないでしょうか。

臨床の現場でも、予防の領域でも、エビデンスやテクノロジーを扱いながらも多角的な視点で相談にのることができ、不足する情報はヒアリングを含め回収でき、指導立案ができる栄養士がこれからますます求められてくると思います。

栄養指導をカウンセリングの機会と捉える

　未来はパーソナルな食事指導、食事相談がますます増えていくと思います。単に数字だけを記憶する栄養士の業務は、ボットやAIがやったほうが正確でしょうし、日本の場合は人材不足の影響も受けテクノロジーに助けられながらの発展をしていくことになると思います。

　しかしながら、個々人に対する多用なニーズに応えられる栄養士の数が増えていくかどうかというと、現実的には、近未来ロボットやAIが栄養士の仕事を担うことも出てきてしまうと思います。

　栄養専門職以外の人たちにおいては、50年後の人々の細かいニーズは増えていくのに対し、個々にカスタマイズされた提案ができる栄養士が身の回りから不足しているかも知れません。そうなった場合に備え、国民1人ひとりは、身近に対応できる栄養専門職に出会えなくなったとしても、自分自身で自分にふさわしい食を選べるようになるくらい、自分の状態を知ったり食の知識を持てたりする能力が必須になる時代が到来すると想像します。

　健康というのは単に病気や痛みがない状態を指しているわけではありません。私たちが健康維持・増進を目指すということは、病気の範囲に限った予防や治療の方針のみならず、在りたい自分の姿やどう生きたいかを自身で内省し、言語化して他者に伝達できる能力は、栄養専門職やサポーターの協力を非常に円滑に得られるようにしてくれることでしょう。

多様性の時代の適性

　栄養士、食や栄養の専門職に従事する者としての適性を教えてくださいという相談は、私史上ベスト5に入るくらい何度も投げかけられた質問です。

　日本で栄養士業務に従事するならば、法律やガイドラインなどの読解力しかり、既存のマニュアルに忠実に運営・管理ができる正確性、ルーティンワー

クを楽しめる性格などを連想します。しかし、恐らく本書を手にしてくださった方にとっては、たとえ日本にいたとしても異文化の中をサバイブされていかれるのではと察しますので、本書を振り返りつつこれからの話をさせてください。

　第2章では、国際協力に従事する者としての心得として、バイアスを持たないことや、自分自身が進化し続けられることの重要性を伝えさせていただきました。

　第3章と第4章では、栄養改善や健康増進が共通の目的であっても、その手段やプロセスはさまざまであり、栄養の専門家以外の方々の貢献の可能性が期待されているというメッセージを届けさせてもらいました。

　第5章では、4名の先駆者の方々の視座をお借りして、異なる4名のお立場からの国際協力の在り方を垣間見させていただきました。

繰り返し出てきたキーワードがいくつかあると思います。

　　①思考も行動もコミュニケーションも柔軟であること
　　②想像性に富んでいながらも思い込みや執着心は持たないこと
　　③異文化理解に努められること
　　④マルチセクトラルにプロジェクトを推進できること

このような素質がますます重宝されるのではないかと思っています。

未知を楽しめる

　そして最後に、結局のところ、私にも「わからない」ということを正直に伝えさせていただきます。せっかく最後まで読んでくださったのに、最後の最後で「結局はわからない」だなんて、申し訳ありません。

　ただやはり、いま私たちが生きるこの世界はとても広く、その日々は刻々と変化をしています。時間の流れのような、スピードも各国みんなが同じというわけではありません。実際に、たった1年や3年で想像もできないほどの大きな変化を遂げている国・地域を目の当たりにしてきました。

　2024年、ますます多様性に富んでいく時代だからこそ、どれほどの経験と知見と想像力を持って一生懸命考えたとしても、残念ながら私の想像の範囲に留まるはずがないのだろうと思うのです。

ですから、わからないけれど創意工夫をしてやっていく。これから最も求められる適性能力を強いていえば、わからないことでも屈せずわかろうと模索ができ、確信がないなかでも決断をして挑戦し、失敗しても必要以上に落ち込まずに改良改善へ気持ちを向けられること、そんな「わからないこと」に向き合い続けられる姿勢こそが、必要な適性なのではないかと思います。

　もう一度言います。最後が「わからない」でごめんなさい。それでも、本書に込めたたくさんのメッセージたちが、あなたがわからない世界をサバイブする過程で、少しでも役立つものであったらいいなと思っています。

おわりに

ワンネスを感じながら

　私の実家は宮城県で林業を営んでおります。

　父は東日本大震災の後、「黒松を育てて宮城の海を守らなければ」と母とともに励んでおりました。熊本地震で地滑りが起きた時には、「山に木を植えないと、大規模な山崩れが起きてしまう」と、大変に案じておりました。私の父は「木を育てるということは、地球を守るということだ」と、そして、森は海の恋人なんだということを教えてくれました。

　山に生まれて育った私は、よく晴れた日は山の上から水平線が見えて、海を目視することができました。大地からにじんだり溢れたりする雪解け水が、そちらへ向かって流れていくのを見送りながら、「海」というものがつながっているということを感じながら生きていました。

　間伐のため切った木の断面に手を置くとずっしりと冷たく、木が1年を通して私たちが潤えるようにと水をしっかり貯えてくれていたんだということを感じ、雨が降ると喜び、太陽が出ると喜び、水がおいしいと喜び、空気がおいしいと喜び、自然の恵みに触れる度にとても豊かな気持ちになりました。

木を植えて、山を育てて、綺麗な水は川へ。
水は川として山を下り、
土壌や畑の養分を吸収する。
山の水に平野の栄養が加わった水は、
海へ流れ着き海の幸を育てる。

　大自然は、私に世界がワンネスであることを教えてくれました。
　そして、栄養士としてたくさんの食卓に同席させていただき、多くの方と

山や海の幸に「いただきます」と手を合わせながら、疑問が浮かびました。

　「大自然だけは、昔も今もちゃんと1つでつながっているのに、どうして人間社会はこんなにも自ら分断してしまったのだろう。世界とのつながり、心と身体のつながり、あなたと私のつながり、なんだかどれもこれもしっかりとつなげられていないんじゃないか。」

　東日本大震災の際には、自分自身が宮城県出身で石巻市内に住んでいたということもあって、地元宮城が大変なタイミングで海外へ渡ろうとしている自分に対して、それでよいのだろうかという葛藤がありました。
　子育て支援の活動をしていると、日本の人口ピラミッドの状況的に、子どもよりもご高齢の方々のサポートのほうをすべきではないかという意見をいただいたり、遠くの世界よりも近くの日本にもっと目を向けるべきではないかと言われることが多々ありました。

これらの問いに対して、長年私も考えたのですが、行きついた答えは「どれも大事だよね」ということでした。遠くの人も近くの人も、子どもも大人もみーんな1人ひとり大事だということなんだと思います。

分断された世界に執着をしてしまうと、再び葛藤がつきまとってしまうこともあるのですが、これからはますますグローバリゼーションの波に防波堤は削られて、国境という境はどんどん薄くなり分断は解かれていく。大自然のみならず、人間社会もワンネスを取り戻していく時なのかもしれません。

本書執筆中は、JICAの技術協力プロジェクトの1つである「グアテマラ国プライマリ・ヘルス・ケアを通じた母子栄養改善プロジェクト」の業務のため、グアテマラ共和国にてマヤ文明に触れたり、沖縄県南城市で馬と戯れたり、同じく沖縄の久高島の海でスキューバダイビングをしたり、昨日は山梨県の四尾連湖で冬キャンプをしたりしました。

ここで今ほどひととおり原稿を読み返してみましたが、上手く説明し切れていないのでは、わかりにくいのではと思いながらも上手い言葉や表現が見つからないなと思う個所がありました。語彙力のなさ、能力不足で恐縮ではございますが、これからも国内外を巡って大自然に触れることは続けていくつもりなので、私自身のライフワークとして、みなさんと直接お会いできる機会をつくっていきたいと思います。

どうかその時は、お気づきの点などをお声がけください。
補足説明などをさせていただきたく存じます。

ありがとうございました。

太田　旭

-Special Thanks-
アドバイスやインタビューを引き受けてくださった、鈴木道子先生・宮澤靖先生・野村真利香さん・田才諒哉さん、　国際栄養についてご指導くださり勝手ながら大先輩だと思っております、石川みどり先生・足立美幸先生・力丸徹先生、医療法人爽秋会岡部医院 創業者 岡部健氏・大崎先輩・成田先輩・日野さん・タナトロジー研究会のみなさま

一般財団法人アライアンス・フォーラム財団、　栄養改善・スピルリナ PJ の OBOG 様
公益財団法人葉田財団、　NPO 法人 ETIC. Vision Hacker Association のチームメンバー
さばのゆ須田泰成さん、トビタテ！ 留学 JAPAN 荒畦さん、　株式会社スクールウィズ

白鳥美子氏、 山中哲男氏、 外所一石氏、　ソウダルア氏、 あずえりさとなおこまみじ
お仕事やチャンスをくれたみなさま、 地元のみんな、世界中にいる元同僚たち、地球

著者略歴

太田　旭　（おおた　あさひ）

一般社団法人オルスタ
代表理事 / 国際栄養士

宮城県の温泉街出身。
高等学校にて社会福祉を学んだのち栄養士資格を取得。2004 年出身地である宮城県にて在宅型ホスピス、認可保育園、離島での僻地医療、災害支援 (東日本大震災) に従事。2012 年より JICA の海外協力隊栄養士として中米グアテマラへの渡航を皮切りに、その後も現在まで国際栄養士として国内外で栄養教育従事者を対象に教育実習プログラムの開発・運営を行う。2018 年より国内で子育て支援を行う団体 " オルスタ " を立ち上げ、2019 年に法人化。代表理事に就任し、日本を拠点に、アフリカ・アジア・中南米での妊産婦・子ども・生活習慣病の包括的改善事業、国内外のソーシャルビジネス、企業の海外進出支援などを行う。

- 一般財団法人ファミリーヘルス財団 理事
- 公益財団法人葉田財団　理事
- 太陽グループ株式会社 社長室
- TSP 太陽株式会社 サステイナブルデザインアドバイザー
- 日本ラテンアメリカバレーボールクラブ 総務

異文化に身を置くすべての人へ　　# 国際協力 # 留学 # 国際栄養 #JICA
国際栄養士のノート

2024年3月28日 初版発行

著　者　太田　旭　ⓒ Asahi Ota

発行人　森　　忠順

発行所　株式会社 セルバ出版
　　　　　〒 113-0034
　　　　　東京都文京区湯島 1 丁目 12 番 6 号 高関ビル 5 B
　　　　　☎ 03 (5812) 1178　　FAX 03 (5812) 1188
　　　　　https://seluba.co.jp/

発　売　株式会社 三省堂書店／創英社
　　　　　〒 101-0051
　　　　　東京都千代田区神田神保町 1 丁目 1 番地
　　　　　☎ 03 (3291) 2295　　FAX 03 (3292) 7687

印刷・製本　株式会社 丸井工文社

●乱丁・落丁の場合はお取り替えいたします。著作権法により無断転載、複製は禁止されています。
●本書の内容に関する質問は FAX でお願いします。

Printed in JAPAN
ISBN978-4-86367-878-1